# REFRANERO ESPAÑOL

## REFRANES POPULARES ESPAÑOLES

—VÍCTOR FERNÁNDEZ CASTILLEJO—

# ÍNDICE

# INTRODUCCIÓN

La Real Academia de la Lengua Española define la palabra refrán como: *«Dicho agudo y sentencioso de uso común».*

Desde la antigüedad nos hemos referido a ellos de diferentes maneras: refranes, dichos, proverbios, adagios, paremias, modismos, locuciones o frases proverbiales.

Los refranes —ejemplo del saber popular— pasan de mano en mano, de boca en boca, de generación en generación. Nacen de la observación de la vida, de las experiencias y de los hechos, y son una valiosísima fuente de conocimiento.

Para muchos representan el mejor ejemplo de la sapiencia humana, y son aplicables al pasado, el presente y el futuro. Recurrieron a ellos autores como Miguel de Cervantes Saavedra, Pedro Calderón de la Barca, Fernando de Rojas, Lope de Vega, Juan Ruiz (Arcipreste de Hita), Tirso de Molina (fray Gabriel Téllez), Francisco de Quevedo, José de Cañizares y Suárez de Toledo, Juan Ruiz de Alarcón y Mendoza, don Juan Manuel, Francisco de Rojas Zorrilla, Agustín Moreto y Cavana, Alfonso Martínez de Toledo (Arcipreste de Talavera), Blasco de Garay, Juan de Espinosa, etc.

Desde tiempos remotos existe la necesidad de agruparlos y rescatarlos de la tradición oral para trasladarlos a la escrita, obteniendo catálogos paremiológicos como el que se expone. Muestra de ello son las colecciones del marqués de Santillana, Erasmo de Rotterdam, Sem Tob de Carrión, Pedro Vallés, Hernán Núñez, Gonzalo de Correas, Francisco Espinosa, Luis Galindo, Julio Cejador y Frauca, Gerónimo Martín Caro y Cejudo, José María Sbarbi y Osua, Francisco Rodríguez Marín, *Seniloquium*, *Refranes Glosados*, Juan Berbua, Juan de Iriarte, Juliana Panizo, Rodríguez, Luis Martínez

Kleiser, José María Iribarren, etc.

Espero que disfrute de los siguientes 5202 refranes —
seguro que muchos de ellos también significan algo especial
para usted—, y guarde con cariño este refranero español.

# REFRANES QUE EMPIEZAN POR A

1. A palabras necias, oídos sordos.
2. A Dios rogando, y con el mazo dando.
3. Ande o no ande caballo grande.
4. A caballo regalado no le mires el diente.
5. A beber y a tragar, que el mundo se va a acabar.
6. A la luz de la vela/tea no hay mujer fea.
7. A mucha hambre, no hay pan duro.
8. Al hambre de siete días, no hay pan duro.
9. A cada puerco le llega su San Martín.
10. A quien no le sobra pan, no crie can.
11. A buen sueño no hay mala cama.
12. A donde el corazón se inclina, el pie camina.
13. A falta/mengua de pan, buenas son tortas.
14. A rey muerto, rey puesto; empero más vale el vivo que el muerto.
15. A más honor, más dolor.
16. Antes son mis dientes que mis parientes.
17. A pan de quince días, hambre de tres semanas.
18. A quien madruga, Dios le ayuda.
19. A quien cuida la peseta nunca le falta un duro.
20. Aceite abundante, buen año por delante.
21. A quien dices tu secreto, das tu libertad y estás sujeto.
22. A los tontos no les dura el dinero.
23. Al pájaro de paso, escopetazo.
24. Atajar en principio el mal procura, porque si echa raíz peor es la cura.
25. Amar y no ser amado es tiempo mal empleado.
26. Arrieros somos/semos y en el camino nos encontraremos.
27. A todos les llega su momento de gloria.
28. Abundancia y soberbia andan en pareja.
29. Al buen pagador no le duelen prendas.
30. A perro flaco, todo son pulgas.
31. Al freír será el reír (y al pagar será el llorar).
32. Al que no quiera caldo, taza y media.

33. Aquellos polvos traen estos lodos.
34. Antes se pilla/cogen a un mentiroso que a un cojo.
35. Acogí al ratón en mi agujero y volvióseme heredero.
36. A buena hambre no hay pan duro, ni se moja en vino puro.
37. A cada pajarillo le gusta su nidillo.
38. A la cama no te irás sin saber una cosa más.
39. Amor con amor se paga; y lo demás, con dinero.
40. Amigo que no da y cuchillo que no corta, si se pierden poco importa.
41. A enemigo que huye, puente de plata.
42. Amor no respeta ley, ni obedece a rey.
43. Aunque la mona se vista de seda, mona se queda.
44. Antes que acabes, no te alabes.
45. A lo hecho, pecho.
46. A la vejez, se acorta el dormir y se alarga el gruñir.
47. Al mal que vive, el miedo le sigue.
48. A mucho hablar, mucho errar/poco acertar/poco obrar.
49. Agua corriente, no mata a la gente.
50. Amigo de muchos, amigo de ninguno.
51. A otro perro con ese hueso.
52. A la fuerza, ni los zapatos entran.
53. Ande/Ándeme yo caliente, y ríase la gente.
54. Acometer hace vencer.
55. Al que de ajeno se viste, en la calle le desnudan.
56. Alcanza quien no cansa.
57. Alegría secreta, candela muerta.
58. Ama sois, ama, mientras el niño mama; desde que no mama, ni ama ni nada.
59. Aquel es tu amigo, que te quita de ruidos.
60. Amor loco, yo por vos y vos por otro.
61. Al cabo de cien años, todos seremos calvos.
62. Armas y dineros, buenas manos quieren.
63. Asno lerdo: tú dirás lo tuyo y lo ajeno.
64. A poca barba, poca vergüenza.
65. A boda ni bautizado, no acudas sin ser llamado.
66. Al buen callar llaman Sancho.
67. Al amigo que no es cierto, con un ojo cerrado y el otro

abierto.

68. Al camarón que se duerme, se lo lleva la corriente.
69. Antes que te cases, mira lo que haces.
70. Al mejor cazador se le va la liebre.
71. Al que al cielo escupe, en la cara le cae.
72. A mucha cortesía, mayor cuidado.
73. Al desdichado, poco le vale ser esforzado.
74. A nadie le amarga un dulce, aunque tenga otro en la boca.
75. A los osados, favorece la fortuna.
76. Antes que conozcas, ni alabes ni cohondas.
77. Al hombre osado la fortuna le da la mano.
78. Al loco y al aire, darles calle.
79. A la losa, tan presto va la vieja como la moza.
80. A nadie le parecieron sus hijos feos.
81. A la necesidad no hay ley.
82. A muerto marido, amigo venido.
83. A buenas obras pagan buenas palabras.
84. Al amigo, con su vicio.
85. A río revuelto, ganancia de pescadores.
86. Al médico, confesor y letrado, no le traigas engañado.
87. Ayunen los santos, que no tienen tripas.
88. Abogadito nuevo, perdido el pleito.
89. Ayer putas y hoy comadres, según de donde sopla el aire.
90. Abracijos no hacen hijos, pero son preparatijos.
91. Ayer para mí, hoy para ti.
92. Abrazo flojo, amor poco; abrazo apretado, ese sí que es abrazo.
93. Ayer entró rogando, y hoy entra mandando.
94. Abriga bien el pellejo, si quieres llegar a viejo.
95. A virgo perdido, nunca le falta marido.
96. ¡A buenas horas mangas verdes!
97. Ave que vuela, a la cazuela.
98. A buen entendedor, pocas palabras bastan.
99. Ave por ave, el carnero si volase.
100. A buenos ocios, malos negocios.
101. Abad y ballestero, mala para los moros.
102. A buen vino, no hay buen tino.

103. Abusar es mal usar.
104. A cada cual lo suyo, y a Dios lo de todos.
105. A cada pez le llega su vez.
106. A cada uno su gusto le parece el mejor del mundo.
107. A cautela, cautela y media.
108. Acá y allá, Dios dirá.
109. Aceite de oliva, todo mal quita.
110. Aceite y romero frito, bálsamo bendito.
111. Aceitunas, una o dos; y si tomas muchas, válgate Dios.
112. A cena de vino, desayuno de agua.
113. Acelgas a medio día y a la noche acelgas, mala comida y mala cena.
114. Acertar errando, sucede de cuando en cuando.
115. A comer, sé tú el primero; a pelear, ni el postrero.
116. A cuenta de los gitanos, hurtan muchos castellanos.
117. Acuérdate, nuera, de que serás suegra.
118. A buey viejo, cencerro nuevo.
119. A la vejez, viruelas.
120. A mal tiempo, buena cara.
121. A rico no debas y a pobre no prometas.
122. A veces caza quien no amenaza.
123. Al gallo que canta, le aprietan la garganta.
124. A buen año y malo, no dejes la harina en el salvado.
125. A cada cabeza su seso.
126. A dos palabras tres porradas.
127. A la mala hilandera, la rueca le hace dentera.
128. A menudo, bajo hábito vil, se esconde hombre gentil.
129. A poco dinero, poca salud.
130. A quien la cosa no quiere, nunca le falta un achaque.
131. Abad avariento, por un botijo pierde ciento.
132. Abril, tan pronto llorar como reír.
133. Acuéstate sin cena y amanecerás sin deuda.
134. Al bien, buscarlo; al mal, esperarlo.
135. Al fin se ven las zurraspas.
136. Al hombre harto, las cerezas le amargan.
137. Al postrero muerde el perro.
138. Al villano dale el pie y se tomará la mano.

**139.** Alcalde de aldea, el que lo desee, ese lo sea.

**140.** Amigo reconciliado, enemigo doblado.

**141.** Antes de contar, escribe; y antes de firmar, recibe.

**142.** Antes que digan, digas.

**143.** Aún no ensillamos, y ya cabalgamos.

**144.** Azote y mordedura, mientras duele cura.

**145.** A asno lerdo, arriero loco.

**146.** A caballero nuevo, caballo viejo.

**147.** A chica boca, chica sopa.

**148.** A falta de hombres buenos, a mi padre hicieron alcalde.

**149.** A la muela se ha de sufrir lo que a la suegra.

**150.** A la mujer y al ladrón, quitarles la ocasión.

**151.** A luengas vías, luengas mentiras.

**152.** A mal paso, pasar postrero.

**153.** A quien bien vela todo se le revela.

**154.** A quien Dios no le da hijos, el diablo le da sobrinos.

**155.** A su tiempo maduran las brevas.

**156.** Abrazos y besos no hacen chiquillos, pero tocan a vísperas.

**157.** Acometa quien quiera, el fuerte espera.

**158.** Agua mala, hervida y colada.

**159.** Al amigo y al caballo, no cansallo.

**160.** Al buey que trilla, no le pongas bozal.

**161.** A gato viejo, rata tierna.

**162.** Al niño, mientras crece, y al enfermo, mientras adolece.

**163.** Al rico llamarle honrado, y al bueno llamarle necio.

**164.** Algo valen cabezadas oportunamente dadas.

**165.** Amanecerá y medraremos.

**166.** Amor trompero, cuantas veo tantas quiero.

**167.** Año de nones, son los mejores.

**168.** Arca cerrada con llave, lo que encierra nadie sabe.

**169.** Ayer vaquero y hoy caballero.

**170.** A braga rota, compañón sano.

**171.** A cada malo, su pago.

**172.** A confesión de parte, relegación de prueba.

**173.** A la corta o a la larga, el galgo a la liebre mata.

**174.** A la mujer bailar y al asno rebuznar, el diablo no se lo ha de enseñar.

175. A la olla que hierve, ninguna mosca se atreve.
176. A la tercera va la vencida.
177. A la mala suerte, envidar fuerte.
178. A nuevos hechos, nuevos consejos.
179. A quien Dios quiere bien, la perra le pare lechones.
180. A rocín viejo, cabezadas nuevas.
181. Abril frío, mucho pan y poco vino.
182. Administrador que administra y enfermo que se enjuaga, algo traga.
183. Agua no enferma, ni embeoda ni adeuda.
184. Al amo que honra, el criado bien le sirve.
185. Al delicado, poco mal y bien atado.
186. Al hijo gastador, barro en la mano.
187. Al peligro con tiento, y al remedio con tiempo.
188. Al villano con la vara de avellano.
189. Allá va la lengua, do duele la muela.
190. Alquimia muy probada es la lengua refrenada.
191. Amontona el avariento, y no sabe para quién.
192. Aquel no es poderoso, el que no ha poder en sí.
193. As de oros, no le jueguen bobos.
194. Aunque malicia oscurezca verdad, no la puede apagar.
195. A cada puerta, su dueña.
196. A chico caudal, mala ganancia.
197. A gran salto, gran quebranto.
198. A la gallina apriétale el puño y apretarte ha el culo.
199. A la mujer loca, más le agrada el pandero que la toca.
200. A lo caro, añadir dinero o dejarlo.
201. A mal hecho, ruego y pecho.
202. A nuevas enfermedades, nuevos remedios.
203. A quien dan, no escoge.
204. A su amigo, el gato le deja siempre señalado.
205. Abril y mayo, llaves de todo el año.
206. Afición ciega razón.
207. Agua fría y pan caliente, nunca hicieron buen vientre/mata a la gente.
208. Al agradecido, más de lo pedido.

209. Al espantado, la sombra le espanta/basta.
210. Al hombre rudo, no le hables agudo.
211. Al mal camino, darle prisa.
212. Al tiempo, el consejo.
213. Allá van leyes, do quieren reyes.
214. Allégate a los buenos, y serás uno de ellos.
215. Amor comprado, dalo por vendido.
216. Año de brevas, nunca lo veas.
217. Árbol que temprano echa, tarde lleva su cosecha.
218. Azote de madre, ni rompe huesos ni saca sangre.
219. A burro muerto, la cebada al rabo.
220. A consejo ruin, campana de madero.
221. A gran prisa, gran vagar.
222. A la mujer barbuda, de lejos se la saluda, con dos piedras mejor que con una.
223. A la plaza, el mejor mozo de la casa.
224. A las diez, en la cama estés; si puede ser antes, que no sea después.
225. A mal decir no hay casa fuerte.
226. A muertos e idos no hay amigos.
227. A quien tanto ve, con un ojo le basta.
228. A un traidor, dos alevosos.
229. Abril sin granizo, Dios no lo hizo.
230. Aceituna una; y si no son buenas, ninguna.
231. Ajo crudo y vino puro pasan el puerto seguro.
232. Al bien se llega quien bien se aconseja.
233. Al hijo del rico no le toques el vestido.
234. Al más ruin puerco, la mejor bellota.
235. Al hombre viejo, múdale de tierra y dará el pellejo.
236. Algo ajeno no hace heredero.
237. Amar y saber, todo junto no puede ser.
238. Anillo en dedo, honra sin provecho.
239. Antes de dos mil años, otros mandarán la tierra.
240. Asno con oro, alcánzalo todo.
241. Ayúdate, y ayudarte he.
242. A caballo comedor, cabestro corto.
243. A celada de bellacos, más vale por los pies que por las

manos.

244. A gran estatua, gran brasa.
245. A la hija mala, dineros y casarla.
246. A la par es negar y tarde dar.
247. A las veces, la cabra bala por el cuchillo que la mata.
248. A más servir, menos valer.
249. A puerta cerrada, labor mejorada.
250. A quien Dios se la dé, San Pedro se la bendiga.
251. A tuerto o a derecho, nuestra casa hasta el techo.
252. A buen bocado, gran grito.
253. Afición es la que sana, que no el palo de la barca.
254. Al bueno, por amor; y al malo, por temor.
255. Al hombre de más saber, una mujer sola le echa a perder.
256. Al muerto dicen: ¿queréis?
257. Al que va a la bodega, por vez se le cuenta, beba o no beba.
258. Algo tendrá el agua cuando la bendicen.
259. Ama con amigo, ni la tengas en tu casa ni la des a tu vecino.
260. Amor de suegra, halagos de gata.
261. Año de ovejas, año de abejas.
262. Arcoíris: o pronto llueve, o aclara en breve.
263. Aunque suegro sea bueno, no quiero perro con cencerro.
264. A capa vieja no dan oreja.
265. A dineros dados, brazos quebrados.
266. A la buena en su rincón, no falta demandador.
267. A la mujer casada, el marido le basta.
268. A la prueba, buen amor.
269. A las romerías y a las bodas van las locas todas.
270. A moro muerto, gran lanzada.
271. A pillo, pillo y medio.
272. A quien cuece y amasa, no hurtes hogaza.
273. A ruido de gaitero, érame yo casamentero.
274. Aceite y vino, bálsamo divino.
275. Al hombre y al caballo, no hay que apurarlo.
276. Ama a quien no te ama, responde a quien no te llama, y andarás carrera vana.

277. Amor, viento y ventura, poco dura.
278. Año hortelano, más paja que grano.
279. Asno que entra en dehesa ajena, volverá cargado de leña.
280. A calzas viejas, bragueta nueva.
281. A escaso señor, artero servidor.
282. A la casada y la ensalada, dos bocados y dejadla.
283. A la mujer mala, poco aprovecha guardarla.
284. A quien quieres matar, carne asada dale de cenar.
285. Amigo de santo Tomás, siempre tomas y nunca das.
286. Amores de una señora, se olvidan con otro amor.
287. Aquí morirá Sansón con todos los filisteos.
288. A canas honradas, no hay puertas cerradas.
289. Amistad de yerno, sol en invierno.
290. A veces la suerte visita a un tonto, aunque nunca se sienta con él.
291. A gran seca, gran mojada.
292. A la que a su marido encornuda, Señor, y tú la ayuda.
293. A campo malo le viene su año.
294. A espalda vuelta no hay respuesta.
295. A la ramera y al juglar, a la vejez les viene el mal.
296. A dos días buenos, ciento de duelo.
297. A la hija casada, sálennos yernos.
298. A barba muerta, poca vergüenza.
299. A caso repentino, aconsejo de mujer.
300. Aballa, pastor, las espaldas al sol.
301. A caballo corredor, cabestro corto.
302. A chica cama, échate en medio.
303. A buen comer o mal comer, tres veces beber.
304. Aunque el decidor sea loco, el escuchador sea cuerdo.
305. A quien no teme, nada le espanta.
306. Aceite y vino y amigo, antiguo.
307. Anda con Dios, y con romadizo, la pierna quebrada y el cuadril salido.
308. Asno de muchos, lobos lo comen.
309. Alivia la pena, llorar la causa.
310. A pobreza, no hay vergüenza.
311. A gran arroyo, pasar postrero.

312. A poco pan, tomar primero.
313. Agua vertida, no toda cogida.
314. Ata corto, piensa largo, hierra somero, si quieres andar caballero.
315. Al cabo de un año tiene el mozo las mañas de su amo.
316. Al asno muerto, ponedle la cebada al rabo.
317. A la muerte no hay remedio, sino tender la pierna.
318. A las veces, las paredes han oídos.
319. A pan duro, diente agudo.
320. Al hierro el orín y la envidia al ruin.
321. A la mujer y a la gallina, tuércele el cuello y darte ha la vida.
322. Antes que cases, cata que haces: que no es nudo que así desates.
323. Al revés me la vestí, ándese así.
324. Al principio o al fin, abril suele ser ruin.
325. Así se mete, como piojo en costura.
326. Agua coge por harnero, quien cree de ligero.
327. A buen entendedor, breve hablador.
328. Al que tiene mujer hermosa, o castillo en frontera, o viña en carretera, nunca le falta guerra.
329. Al comer, ad te clamamos; al pagar, ad te suspiramos.
330. A uso de Toledo, que pierde la dama y paga el caballero.
331. A vos lo digo, mi nuera; entendedlo vos, mi suegra.
332. Amores nuevos, olvidan viejos.
333. A ruin, ruin y medio.
334. Antes ciegues que mal veas.
335. A carne de lobo, diente de perro.
336. Al enemigo, si vuelve la espalda, la puente de plata.
337. Al hombre por la palabra al buey por el cuerno.
338. Al año tuerto, el huerto; al tuerto tuerto, la cabra y el huerto; al tuerto retuerto, la cabra y el huerto y el puerco.
339. Asna con pollino, no va derecha al molino.
340. A mujer brava, soga larga.
341. A todo hay maña, sino a la muerte.
342. Año de nieves, año de bienes/aceite.
343. A esotra puerta, que esa no se abre.
344. A buey viejo, no le cates abrigo.

345. Afanar, afanar/trabajar y nunca medrar.
346. ¿A do irá el buey que no are?
347. Ajo pío y vino puro pasan el puerto seguro.
348. Agosto, frío en rostro.
349. A la boda de don García, lleva pan en la capilla.
350. Abril, aguas mil, cernidas por un candil.
351. Agua de mayo, pan para todo el año.
352. Achaque quieren las cosas.
353. A falta de pan, buenas son tortas.
354. Agua de por San Juan, quita vino y no da pan.
355. Agua pasada no mueve molino.
356. Alábate, cesto, que venderte quiero.
357. A las obras me remito.
358. Ajo, ¿por qué no fuiste bueno? Porque no me halló San Martín puesto.
359. A cualquier dolencia, es remedio la paciencia.
360. Ayer porquero, y hoy caballero.
361. Aunque bobo, no tanto que no sepa cuantas son cuatro.
362. A donde no está el dueño, ahí está el duelo.
363. A tal señor, tal honor.
364. Acuérdate, suegra, de que fuiste nuera.
365. A grandes males, grandes remedios.
366. Afortunado en el juego, desgraciado en amores.
367. Agua que no has de beber, déjala correr.
368. Al mejor nadador se lo lleva el río.
369. Antes de hacer nada, consúltalo con la almohada.
370. A quien paga adelantado, mal le sirve su criado.
371. Arrimarse a la boca del lobo es de hombre bobo.
372. A Dios, lo mejor.
373. Achaque es de necios echar sus culpas al tiempo.
374. A veces, el flaco derriba al fuerte.
375. ¿A dónde va/s, Vicente? —Adonde va la gente.
376. Avaricia de tío, hucha de sobrino.
377. Adereza una escoba, y parecerá una señora.
378. A enemigo que huye, golpe de gracia.
379. Aunque tengo malas piernas, bien visito las tabernas.
380. A gran chatera, gran pechera.

**381.** Ausencia al más amigo, presto le pone en olvido.

**382.** A ferias y fiestas, con mulas y mujeres ajenas.

**383.** A un fresco, un cuesco.

**384.** Agua que huela, no la bebas.

**385.** Árbol copudo, da sombra, aunque no dé fruto.

**386.** A fuego y a boda va la aldea toda.

**387.** Aramos, dijo la mosca, y estaba en el cuerno del buey.

**388.** Agua, poca; y jamón, hasta la boca.

**389.** A secreto agravio, secreta venganza.

**390.** Agua estancada, agua envenenada.

**391.** A sordos y ciegos hace testigos el dinero.

**392.** A quien se casa viejo, o muerte, o cuernos.

**393.** A falta del de gallina, bueno es caldo de habas.

**394.** Aunque se perdieron los anillos, aquí quedaron los dedillos.

**395.** Al perro, échale un hueso, y amansará con eso.

**396.** Agua de lejos, no apaga fuego.

**397.** A lo dado, no le mires el pelo.

**398.** Arca cerrada con llave, lo que encierra no se sabe.

**399.** Agua mansa, traidora y falsa.

**400.** A su costa aprende el necio, y a costa del necio el cuerdo.

**401.** A ese andar, llevaos mi haca.

**402.** Así en el ojo al besugo, como al enfermo en el pulso.

**403.** A gran pecado, gran misericordia.

**404.** A quien te hizo una, hazle dos, aunque no lo manda Dios.

**405.** A estilo de Aravaca, cada cual fume de su petaca.

**406.** A quien se humilla, Dios lo ensalza.

**407.** A nuevos tiempos, usos nuevos.

**408.** Andar bien vestida hace a la moza garrida.

**409.** A quien espera, su bien le llega.

**410.** Amores queridos, han de ser reñidos.

**411.** Aragoneses y navarros, en cuanto a tercos, primos hermanos.

**412.** A hoy, lo creo; en mañana, poco creo.

**413.** A un clavo ardiendo se agarra el que se está hundiendo.

**414.** Al endeble todos se le atreven.

**415.** Asno, mujer y nuez, a golpes dan su fruto.

416. Al hombre se le mide de cejas arriba.
417. Aunque esté echado el cerrojo, duerme con un solo ojo.
418. Al malo lo mejora el palo.
419. A quien soledad quiere, todo le estorba.
420. A lo que has de negarte, niégate cuanto antes.
421. A quien tiene malas pulgas, no le vayas con burlas.
422. A los tontos y porfiados, la mejor bofetada es dejarlos.
423. A quien no quiere caldo, tres tazas, y la última, rebosando.
424. Algo bueno trae la adversidad consigo; que sabe el hombre si le queda algún amigo.
425. A tu mujer, por lo que valga, y no por lo que traiga.
426. Al que no fuma ni bebe vino, le huele la boca a niño.
427. Aunque me ves tan largo, tan largo, maldita la cosa que valgo.
428. Al mal pagador, plazo corto.
429. A quien te engañó una vez, nunca más le has de creer.
430. Al hombre bullicioso y alegre, nadie le teme; el callado y triste, ese es el temible.
431. A quien se ayuda, Dios le ayuda.
432. Al fregar de los platos solo acuden los mentecatos.
433. Aún no eres bienaventurado si del pueblo no eres burlado.
434. Al que nunca bebe vino, no le fíes ni un comino.
435. ¡Atacad y venceremos!
436. A quien debas contentar, no procures enfadar.
437. A tu hijo dale oficio; que el ocio es padre del vicio.
438. Al saber le llaman suerte.
439. A quien bien te quiere, visítale poco, para que te desee.
440. «Algo es algo». Y roía una correa el galgo.
441. A la mujer muy casera, su marido bien la quiera.
442. Al que te puede tomar lo que tienes, dale lo que te pidiere.
443. Aquel es tu hermano que te quita de/el trabajo.
444. Amor de vieja, si es que se toma, presto se deja.
445. Ante el menesteroso no te muestres dichoso.
446. Amigo enojado, enemigo doblado.
447. A lo que no puede ser, paciencia.
448. A la que bien baila, poco son le basta.
449. A quien mucho debe, en mucho se le tiene.

450. Antes verdugo que ahorcado.
451. Allí estaba quien lo vio; pero no era yo.
452. Ajo, sal y pimiento, y lo demás es cuento.
453. A más doctores, más dolores.
454. Amistad, con todos; confianza, con pocos.
455. A quien dices tu secreto, haces tu dueño.
456. Amor de puta y vino de frasco, a la noche gustosos, y a la mañana dan asco.
457. Andaluz con dinero y gallego con mando, ya estoy temblando.
458. A marido ausente, amigo presente.
459. Amor, con amor se cura.
460. A los treinta doncellez, muy rara vez.
461. Al engaño, con engaño.
462. Al bueno buscarás, y del malo te apartarás.
463. Amor de madre, ni la nieve le hace enfriarse.
464. Al sonar el pedo, solo queda un rostro serio.
465. A quien Dios quiere bien, el viento le junta la leña.
466. Antes que emprendas, mide tus fuerzas.
467. Ajos, de Quero, y berenjenas, de Toledo.
468. A los tuyos, con razón o sin ella.
469. Amor loco, si ella es mucho y tú eres poco.
470. Angelitos al cielo, y a la panza los buñuelos.
471. A quien mucho tememos, muerto le queremos.
472. A piloto diestro, no hay mar siniestro.
473. Amigo no fue el que lo dejó de ser.
474. Antes huir que morir.
475. Amor y viento, por uno que se va vienen ciento.
476. A no poder, en balde es querer.
477. Aprendiz de mucho, maestro de nada.
478. Amigos de muchos años, dan los desengaños.
479. A más beber, menos comer.
480. Amar es tiempo perdido, si no se es correspondido.
481. A los hombres, querellos; pero que no lo sepan ellos.
482. A la mujer, el espejo: no hay mejor aparejo.
483. Al buen trabajador, todo le vale.
484. A quien Dios quiere para rico, hasta la mujer le pare hijos

de otro.

**485.** Antes que tomes casa en que morar, mira la vecindad.

**486.** Andar derecho y mucho beber, no puede ser.

**487.** Amor de niña, agua en cestilla.

**488.** A las andadas volví, y pronto me arrepentí.

**489.** Al desagradecido, desprecio y olvido.

**490.** Amigo que es amigo de mi enemigo, no es amigo.

**491.** Amores, dolores y dineros, no pueden estar secretos.

**492.** A quien le dan el pie, se toma la mano.

**493.** Años y trabajos ponen el pelo blanco.

**494.** Amorosos juramentos, se los lleva el viento.

**495.** Antes de decir de otro: «cojo es», mírate tú los pies.

**496.** A quien come muchos manjares, no faltarán enfermedades.

**497.** Año bisiesto, año siniestro.

**498.** Andar probando, como cuchillo de melonero.

**499.** A nadie le parece poco lo que da, ni mucho lo que tiene.

**500.** A la mesa me senté, y aunque no comí, escoté.

**501.** A la mujer y al aguardiente, de repente.

**502.** A quien codicia lo ajeno, quitarle lo suyo es bueno.

**503.** A más amor, más pudor.

**504.** Al revés te lo digo para que lo entiendas.

**505.** A quien fue cocinero antes que fraile, en cosas de cocina no le engaña nadie.

**506.** A poca oferta, buena/mucha demanda.

**507.** Andaos a reinas y moriréis virgen.

**508.** Amor verdadero, el que se tiene al dinero.

**509.** A maestro de espada, aprendiz de pistola.

**510.** Amigos verdaderos, un palo y un perro.

**511.** Algo busca en tu casa quien te hace visitas largas.

**512.** A los locos, se les da la razón.

**513.** A la que quiere ser mala, poco aprovecha guardarla.

**514.** Alegría no comunicada, alegría malograda.

**515.** Amistades lisonjeras, no las quieras.

**516.** A más vivir, más sufrir.

**517.** Antes di que digan de ti.

**518.** A quien mucho miente, le huye la gente.

**519.** Amor y dinero nunca fueron compañeros.

**520.** A quien mucho tiene, más le viene.

**521.** A la puta y al barbero, nadie los quiere viejos.

**522.** Al ratón que no sabe más de un agujero, el gato le coge presto.

**523.** A la fuerza, no hay razón que la venza.

**524.** Al diablo y a la mujer nunca les falta qué hacer.

**525.** Aquellos son ricos que tienen amigos.

**526.** A quien en su casa era un diablo, cuando se ausenta tiénenlo por santo.

**527.** A la guerra, con la guerra.

**528.** Al papel y a la mujer, hasta el culo se le ha de ver.

**529.** Ambicioso subido, pronto caído.

**530.** Al son que te tañan, a ese baila.

**531.** Andar, andar, que el rabo está por desollar.

**532.** Año de almendras, año de mierda.

**533.** A la buena mujer, poco freno basta.

**534.** Al hombre de trato llano, gusta darle la mano.

**535.** Alcalde, ni de balde.

**536.** Al niño besa quien besar a la madre quisiera.

**537.** A más oro, menos reposo.

**538.** Amistad que dice «no», amistad que se perdió.

**539.** Antes muerte que vergüenza.

**540.** A quien mucho come, a los hocicos le sale.

**541.** A la hija muda, su madre la entiende.

**542.** Al buen segador, nunca se le olvida la hoz.

**543.** Al embustero, cuando jura, créelo menos que nunca.

**544.** Al partir de las tierras, cata los hermanos en guerra.

**545.** Al mal pagador, buen cobrador.

**546.** Amigos reñidos, nunca más buenos amigos.

**547.** Amor de mujer y halago de can, no darán si no les dan.

**548.** A ninguno le hiede su mierda, sino la ajena.

**549.** A quien a soplos enfría la comida, todos le miran.

**550.** A la que tenga más de treinta, no la pretendas.

**551.** Al hombre que anda al camino, que no le falte ni tabaco ni vino.

**552.** A mi amigo quiero, por lo que de él espero.

553. A nadie has de decir cuánto tienes, dónde lo tienes, ni dónde piensas ir.
554. Aquello es bueno que bien acaba.
555. Antes que armas tomar, todo se ha de tentar.
556. A la sombra de un hilo, se la pega una mujer a su marido.
557. Alegrías y pesares te vendrán sin que los buscares.
558. Al miserable y al pobre, todo les cuesta doble.
559. Amante atrevido, de la amada más querido.
560. A mocedad viciosa, vejez penosa.
561. Amor que no se atreve, desprécianlo las mujeres.
562. Antes mujer de un pobre que manceba de un conde.
563. Aquel es hombre, que corresponde al nombre.
564. A quien el vino no plaz, Dios le quite el pan.
565. A las veces, el que escarba, lo que no quisiera halla.
566. «Algo es algo». Dijo un calvo, y se encontró un peine sin púas.
567. A malos tragos, buenos tragos.
568. Amigos hay buenos para en plaza y malos para en casa.
569. Andando se quita el frío.
570. Antes de hacer bondades, mira a quien se las haces.
571. «A quien dan, no escoge». Y eran cuchilladas.
572. Albañiles y huéspedes, solo cuando se van bien parecen.
573. Al niño, corrígele con cariño.
574. A más no poder, acuéstome con mi mujer.
575. Amigos, hasta que ellas quieran.
576. Antes fiarás del terrón que del señor.
577. Al desdén, con el desdén.
578. Algo es mierda, pues estercola la tierra.
579. A más años, más pecados.
580. Amigos, pero sin perder, que es lo que debe ser.
581. Antes cabeza de ratón que cola de león.
582. Al romero que se le seca el pan en el zurrón, no le tengas duelo.
583. ¿Amigo? ¿Amigo? O viene por tu mujer, o viene por tu trigo.
584. Amor, amor, malo el principio y el fin peor.
585. A cartas, cartas, y a palabras, palabras.

586. Acordó poner tierra en medio, y tomó calzas de Villadiego.

587. ¿A dónde puedo ir que más valga?

588. Afán de cazuela, guisarla y no comerla.

589. Agua de agosto, azafrán, y miel, y mosto.

590. Anda, niño, anda, que Dios te lo manda.

591. Alábate, polla, que un huevo has puesto, y ese güero.

592. A la burla, dejarla cuando más grada.

593. A la mujer y al caballo y a la mula, por el pico les entra la hermosura.

594. Al cabo de los años mil, vuelve el agua a su cubil.

595. Al gato goloso y a la moza ventanera, taparlos la gatera.

596. Allí le duele; allí la duele.

597. Al mulo y al asno, la carga al rabo, y al rocín, a la crin.

598. Al primer tapón, zurraspas.

599. Al que muerde la salamanquesa, al tercer día le hacen la huesa.

600. Al toro y al loco, de lejos.

601. A mal capellán, mal sacristán.

602. Amigo de todos, enemigo de nadie, y no fiar de ninguno.

603. Anda todo manga por hombro.

604. Ángel patudo, que quiso volar y no pudo.

605. Antes santa que nacida.

606. A palabras locas, orejas sordas.

607. A quien amansa y cuece, muchas le acontece.

608. Aquí fue Troya.

609. Aquí, señores, tú por tú, como tapiadores.

610. Aquí paz y después gloria.

611. Araña, ¿quién te arañó? —Otra araña como yo.

612. A tal horma, tal zapato, y a tal zapato, tal horma.

613. Aunque no nos hablemos, bien nos queremos.

614. A vos todo el año, y a mí abril y mayo.

615. A Tetuán por monas, y a Guadiana por bogas.

616. Asentarse a mesa puesta sin saber lo que cuesta.

617. Aquí tuerce la puerta el rabo.

618. Aquí gracias, y después gloria; y luego la olla.

619. Aprended a bien callar, para que sepáis bien hablar.

620. A otra puerta, que esta no se abre.

621. Antes que casar, tener casas en que morar, y tierras en que labrar y viñas que podar.

622. Ande la loza, que de vieja me tornaré moza.

623. Andaos por ahí a decir verdades y quebraros la cabeza.

624. Amor de madre, que todo lo otro es aire.

625. A mí, que las urdo y tramo.

626. A mengua de carne, buenos son pollos con tocino.

627. Ama como si hubieses de aborrecer, y aborrece como si hubieses de amar.

628. Al son que me hicieres, a ese bailaré.

629. Al que le falte ventura, la vida le sobra.

630. Al no ducho de bragas, las costuras le hacen llagas.

631. Al mordaz, todo le desplaz.

632. Allá se lo dirán de misas.

633. Al invierno lluvioso, verano abundoso.

634. Alfayate sin dedal, cose poco y eso mal.

635. Al andaluz, hazle la cruz; al sevillano, con toda la mano; al cordobés, con el revés/con manos y pies.

636. A la cara sin vergüenza, todo el mundo es suyo.

637. Ahí te duele, ahí te daré.

638. Agua de febrero mata al onzonero.

639. A do sacan y no pon, presto llegan al hondón.

640. ¿Adónde dará el ascua, sino en el dedo del quemado?

641. Aciértalo tú, que yo lo diré.

642. A casas viejas, puertas nuevas.

643. ¿Adónde vais? —A la guerra.

644. A fe que se ha topado horma de su zapato.

645. Agua no quebranta hueso.

646. A la buena, júntate con ella, y a la mala, ponla almohada.

647. Algunos caen para que otros se levanten.

648. Al maestro, cuchillada.

649. Al mozo vergonzoso, el diablo lo llevó a palacio.

650. Al que es desdichado, todo se le cuenta a pecado.

651. A mal hacedor, los pelos le estorban.

652. Amigo por amigo, el buen pan y el buen vino.

653. Amor, dinero y cuidado, no puede estar encerrado.

**654.** Andar de ceca en meca y de zoca en colodra.

**655.** Antes cansada que harta.

**656.** Antes tuerto que del todo ciego.

**657.** A pregunta necia, disimulada respuesta.

**658.** A quien duele la muela, que la eche fuera.

**659.** A río pasado, santo olvidado.

**660.** A vino de mal parecer, cerrar los ojos al beber.

**661.** ¡Ay, Dios mío! Y de los otros tío.

**662.** Aconteceros ha como a la sardina de Blanes, que por salir de la sartén cayó en las brasas.

**663.** Agua de enero, todo el año tiene tempero.

**664.** A la corta o a la larga, el tiempo todo lo alcanza.

**665.** Allá como allá, y acá como acá.

**666.** Al que yerra, perdónale una vez, más no después.

**667.** A manos lavadas, Dios hace merced.

**668.** Antes hoy que mañana.

**669.** A quince de marzo, da el sol en la sombría y canta la golondrina.

**670.** Asno malo, cabe casa aguija sin palo.

**671.** ¡Ay del ay, que al alma llega!

**672.** Aire solano, malo de invierno, peor de verano.

**673.** Allá irá la soga, tras el calderón.

**674.** Al tío sin hijos, hacedle mimos y regocijos.

**675.** A mí, que las vendo.

**676.** A padre ganador, hijo despendedor.

**677.** Al molino y a la mujer, andar sobre él.

**678.** A mí todos me hallan, y yo no hallo a nadie.

**679.** A por a, y be por be.

# REFRANES QUE EMPIEZAN POR B

**680.** Borra con el codo lo que escribe con la mano.

**681.** Buen amor y buena muerte, no hay mejor suerte.

**682.** Boca sin muelas es como molino sin piedra.

**683.** Bueno y barato no caben en un zapato.

**684.** Barriga llena no cree en hambre ajena.

**685.** Buenos y malos martes, los hay en todas partes.

**686.** Buena gente tiene el conde si no se esconde.

**687.** Bocado de mal pan, ni lo comas ni lo des a tu can.

**688.** Buen amigo es el gato cuando no araña.

**689.** Bebido con buenos amigos sabe bien cualquier vino.

**690.** Bendita la aceitera que da para casa y para fuera.

**691.** Bueno es pan duro, cuando es seguro.

**692.** Barriga llena, corazón contento.

**693.** Bastante colabora quien no entorpece.

**694.** Bien está lo que bien acaba.

**695.** Boca de verdades, cien enemistades.

**696.** Borrón y cuenta nueva, la cuenta pasada aprueba.

**697.** Buena es la pelea ganada, pero es mejor la evitada.

**698.** Bien predica quien bien vive.

**699.** Beba la picota de lo puro, que el tabernero medirá seguro.

**700.** Barco en varadero, no gana dinero.

**701.** Buena cautela iguala buen consejo.

**702.** Bastante me ayuda quien no me estorba.

**703.** Buena vida, padre y madre olvida.

**704.** Bendita la muerte cuando viene después de bien vivir.

**705.** Bofetón amagado, nunca bien dado.

**706.** Boca de verdades, temida en todas partes.

**707.** Bien demanda quien bien sirve.

**708.** Bien vestido, bien recibido.

**709.** Breve habla el que es prudente.

**710.** Bien ama quien nunca olvida.

**711.** Bromas pesadas nunca sean dadas.

**712.** Buen esfuerzo/corazón quebranta mala ventura.

**713.** Bien aprende quien buen maestro tiene.

714. Buscar la vida conviene; que la muerte ella se viene.
715. Buena es la justicia si no la doblara la malicia.
716. Bien te quiero, bien te quiero; mas no te doy mi dinero.
717. Beatas con devoción, largas tocas y el rabo ratón.
718. Bien me puede el rey matar, mas no forzar.
719. Boda buena, boda mala, el martes en tu casa.
720. Buena fama, hurto encubre.
721. Buey viejo, surco derecho.
722. Barba hundida, hermosura cumplida.
723. Bien ayuna quien mal come.
724. Boca que dice no, dirá sí.
725. Buena es la tardanza cuando el camino asegura.
726. Buenos y tontos se confunden al pronto.
727. Brasa trae en el seno la que cría hijo ajeno.
728. Botas y gabán, encubren mucho mal.
729. Boca besada no pierde ventura.
730. Bebe poco y come asaz; duerme en alto y vivirás.
731. Barbas mayores quitan menores.
732. Bien canta Marta cuando está harta.
733. Bien puedo ser papá, aunque tengo mala capa.
734. Bien vengas, mal, si vienes solo.
735. Buen plato y mal testamento.
736. Beber, de codo, y cabalgar, de poyo.
737. Boca que bosteza, estómago que hambrea.
738. Buena vida, arrugas sin tira.
739. Belleza por natura, hasta la muerte dura.
740. Boticario que equivoca el tarro, manda al enfermo a mascar barro.
741. Buena respuesta, mucho vale y poco cuesta.
742. Burla burlando, base el lobo al asno.
743. Bueno es ser casado, si no tuviese cuidado.
744. Bendiga Dios la casa donde hay viejo a la brasa.
745. Bien haya quien a los suyos se parece.
746. Bien sé de qué pie cojeas.
747. Bandera vieja honra a quienes la llevan.
748. Buena olla, mal testamento.
749. Burro adornado, busca mercado.

750. Boca de fraile, solo el pedir la abre.

751. Barbero que no sea parlero, no lo hay en el mundo entero.

752. Buenas y malas artes hay en todas partes.

753. Burro que tropieza dos veces en el mismo canto, es burro doblado.

754. Bromas y sales, con nuestros iguales.

755. Bendita sea el agua, por sana y por barata.

756. Beberás y vivirás.

757. Beato y tuno, todo es uno.

758. Beso y no alargarse a más, pocas veces o jamás.

759. Buena cara y malos hechos, a cada paso lo vemos.

760. Buenas palabras y buenos modales todas las puertas abren.

761. ¡Buen puñado son tres moscas!

762. Boca de verdades, cien sueldos vale.

763. Beber y comer buen pasatiempo es.

764. Bien predica el ayunar quien acaba de almorzar.

765. Buena muerte es buena suerte.

766. Bueno es beber; pero nunca hasta caer.

767. Beber con medida, alarga la vida.

768. Bueno es tener amigos, aunque sea en el infierno.

769. Bostezo luengo, o hambre o sueño.

770. Buenas palabras y buenos modos dan gusto a todos.

771. Bien sabe lo que se come con hambre.

772. Buenos son barbos, cuando no hay truchas a mano.

773. Bueno, aunque sea pobre, vale más que rico y noble.

774. Boca española no se abre sola.

775. Besar sin otro pecar, por maravilla los has de contar.

776. «¡Buen principio de semana!» Y lo ahorcaban en lunes.

777. Buenas palabras, y obras malas.

778. Breva verde y moza de mesón, palpándolas llegan a maduración.

779. Boca brozosa cría mujer hermosa.

780. Bueno y breve, bueno dos veces.

781. Buenas acciones valen más que buenas razones.

782. Bien se sabe atrever quien nada tiene que perder.

783. Bebe de río por turbio que vaya, come carnero por caro que valga, casa con doncella por años que haya.

784. Beldad y hermosura, poco dura; más vale la virtud y cordura.

785. Buen mercado, con el necesitado.

786. Barbero, loco o parlero.

787. Buenas son mangas después de pascua.

788. Bestia alegre, echada pace.

789. Bien se lava el gato después de harto.

790. Bien sabe el sabio que no sabe; el necio piensa que sabe.

791. Buena Pascua dé Dios a Pedro, que no me dijo malo ni bueno.

792. Badajoz, tierra de Dios, échase uno y amanecen dos; y en Jerez, échase uno y amanecen tres.

793. Bailar bien y bailar mal, todo es bailar.

794. Bebamos hasta que no nos veamos.

795. Bendito sea el mal que con dormir se quita.

796. Bien juega quien mira.

797. Bien me quieres, bien te quiero, no me toques al dinero.

798. Bien sabe la rosa en qué mano posa; el clavel, en la mano de Isabel, y la clavelina, en la de Catalina.

799. Bien se me entiende todo, aunque me hago el bobo.

800. Buena arma y buen corazón, y tres higas al doctor.

801. Buena es la nieve que en su tiempo viene.

802. Buena memoria es la escritura; ella retiene bien su figura.

803. Buen hueso tiene que roer.

804. Buen principio, la mitad es hecho.

805. Burlaos con el loco en casa, burlará con vos en la plaza.

806. Busca pan para mayo y leña para abril, y échate a dormir.

807. Barajas nuevas sobre cuentas viejas.

808. Barro y cal encubren mucho mal.

809. Besugo de enero, vale un carnero.

810. Bien me quieren mis vecinas porque las digo mentiras.

811. Bien se está San Pedro en Roma, si no le quitan la corona.

812. Buena es el agua, que cuesta poco y no embriaga.

813. Buen castillo es el de Peñafiel, si no tuviese a ojo el de Curiel.

814. Burlando se dicen las verdades.

815. Barbechar de mayo y minar de junio, buenos barbechones,

pero pan ninguno.

**816.** Bien hablar no cuesta nada.

**817.** Bien presto se hace lo que bien se hace.

**818.** Bobo, mas no del todo.

**819.** Buena es la trucha, mejor el salmón; bueno es el sábalo, cuando es en sazón.

**820.** Buen comer trae mal comer.

**821.** Buscáis cinco pies al gato, y no tiene más que cuatro; no, que cinco son con el rabo.

**822.** Barre la nuera lo que ve la suegra.

**823.** Bien o mal, casaros han, ora sea con Pedro, ora sea con Juan.

**824.** Buen pagar haz buen yantar, que no mucho rogar.

# REFRANES QUE EMPIEZAN POR C/CH

**825.** Cada maestrillo tiene su librillo.

**826.** Cuando las barbas de tu vecino veas cortar/pelar, pon/echa las tuyas a remojar.

**827.** Cera que va delante alumbra primero.

**828.** Cada uno en su casa, y Dios en la de todos; que es padre poderoso.

**829.** Cuando el grajo vuela rasante echa mano de bufanda y guante.

**830.** Cada uno es de su padre y de su madre.

**831.** Con queso y vino se anda camino.

**832.** Cada uno habla de la feria según le va en ella.

**833.** Cada uno sabe dónde le aprieta/muerde el zapato.

**834.** Chancho limpio nunca engorda.

**835.** Con maña, caza la mosca a la araña.

**836.** Cada uno tiene lo que se merece.

**837.** Cría/cobra buena fama y échate a dormir.

**838.** Comer hasta enfermar, y ayunar hasta sanar.

**839.** Cuando más viejo, más pellejo.

**840.** Con el roce, nace el cariño.

**841.** Cada cosa a su tiempo.

**842.** Cualquier/todo tiempo pasado fue mejor.

**843.** Comida hecha, compañía deshecha.

**844.** Con el tiempo y la paciencia se adquiere la ciencia.

**845.** Cada loco con su tema.

**846.** Consejo es de sabios perdonar injurias y olvidar agravios.

**847.** Consejo no pedido, consejo mal oído.

**848.** Cuando el gato no está, los ratones bailan.

**849.** Contra el vicio de pedir, la virtud de no dar.

**850.** Cuando la fuerza manda, la ley calla.

**851.** Cuanto más tienes más quieres.

**852.** Con locos, niños y putas, no negocies ni discutas.

**853.** Cuando el río/arroyo suena, agua lleva.

**854.** Cumpla yo y tiren ellos.

**855.** Casa donde no hay hijos, ni penas ni regocijos.

856. Culo veo, culo quiero.
857. Calle el que dio y hable el que tomó.
858. Caldo de gallina es famosa medicina.
859. Casa cerrada, casa arruinada.
860. Con la vara que mides, te han de medir.
861. Cada uno tiene su alguacil.
862. Cuando viene el bien, métele en tu casa.
863. Cabra coja no tenga siesta.
864. Calumnia, que algo queda.
865. Cuando fueres por camino, no digas mal de tu enemigo.
866. Candado sin tornillo, da la hacienda al vecino.
867. Capa negra y cofradía, no puede ser cada día.
868. Cuando guían los ciegos, guay de los que van tras ellos.
869. Caballo que alcanza, pasar querrá.
870. Corazón apasionado, no quiere ser aconsejado.
871. Casa reñida, casa regida.
872. Cuando te dieren el anillo, pon el dedillo.
873. Cada uno quiere llevar el agua a su molino, y dejar en seco el del vecino.
874. Cuando la cólera sale de madre, no tiene la lengua padre.
875. Calzado de uno no lo des a ninguno.
876. Cárceles y caminos hacen amigos.
877. Cada uno ve con los ojos que Dios le ha dado.
878. Cría cuervos, y te sacarán los ojos.
879. Cuando el diablo no tiene qué hacer, con el rabo mata moscas/saca lo suyo al sol y mata moscas.
880. Cuando pelean los ladrones, descúbrense los hurtos.
881. Cada oveja con su pareja.
882. Con el falso no tomes amistad, porque te hará maldad.
883. Cada cuba huele al vino que tiene.
884. Culpa no tiene quien hace lo que debe/puede.
885. Cual el dueño, tal el perro.
886. Cada palo aguante su vela.
887. Cuida bien lo que haces, no te fíes de rapaces.
888. Compra lo que no has menester, y venderás lo que no podrás excusar.
889. Caballo ajeno, ni come ni se cansa.

890. Cada cual tiene su modo de matar las pulgas.
891. Cállate y callemos, que sendas nos tenemos.
892. Can viejo no ladra en vano.
893. Carga que con gusto se lleva, no/nada pesa.
894. Casa de esquina, ni la compres ni la vivas.
895. Casarás y amansarás.
896. Como me crecieron los honores, me crecieron los dolores.
897. Con alegre compañía, se sufre la triste vida.
898. Convida a tu yerno a la gallina, que él llevará la lima.
899. Criado por abuelo, nunca bueno.
900. Cuando el diablo reza, engañar quiere.
901. Cuando el villano está rico, ni tiene pariente/s ni amigo/s.
902. Cuando una puerta se cierra, ciento se abren.
903. Culo de mal asiento, no acaba cosa ninguna y emprende ciento.
904. Caballo viejo no muda de andadura.
905. Cabeza loca no quiere toca.
906. Cada sendero tiene su atolladero.
907. Camisa que mucho se lava y cuerpo que mucho se cura, poco dura.
908. Canas y armas vencen batallas.
909. Casa con dos puertas, mala es de guardar.
910. Cebo haya en el palomar, que palomas no faltarán/ellas se vendrán.
911. Comer a gusto, y hablar y vestir al uso.
912. Con la mujer y el dinero no te burles, compañero.
913. Consejos vendo y para mí no tengo.
914. Cosa hallada no es hurtada.
915. Cual te hallo, tal te juzgo.
916. Cuando guían los ciegos, ¡ay de los que van tras ellos!
917. Cuenta y razón conserva amistad.
918. Cumple con todos y fía de pocos.
919. Caballo que vuela, no quiere espuela.
920. Cada ollero alaba su puchero.
921. Callar y obrar por la tierra y por la mar.
922. Camino comenzado, medio andado.
923. Cara a cara vergüenza se cata.

924. Casa hecha, bolsa deshecha.
925. Chimenea nueva, pronto humea.
926. Cojo y no de espina, no hay maldad que no imagina.
927. Con arte y engaño se vive medio año; y con engaño y arte, la otra parte.
928. Consejo de mañana y agua de tarde, no es durable.
929. Costumbres y dineros, hacen los hijos caballeros.
930. Cuando el hierro está encendido, entonces ha de ser batido.
931. Cuando el tabernero vende la bota, o sabe a la pez o está rota.
932. Cuando fueres yunque, sufre como yunque; cuando fueres mazo, hiere/tunde como mazo.
933. Cuidados ajenos matan al asno.
934. Cabellos y virgos, muchos hay postizos.
935. Cada gorrión tiene su corazón.
936. Cada uno lleva un loco en la manga.
937. Camino andado, quita cuidado.
938. Canta la rana, y no tiene pelo ni lana.
939. Carro que canta, a su dueño avanza.
940. Casar y compadrar, cada cual con su igual.
941. Comida mediada, cuchillo en vaina.
942. Con copete y sin copete, señora, vos sois hermosa, mas el copete es gran cosa.
943. Concierto claro, amigo caro.
944. Criaste y no castigaste, malcriaste.
945. Cual andamos, tal medramos.
946. Cuando el/en verano es invierno, y el/en invierno verano, nunca buen año.
947. Cuantas cabezas, tantos pareceres.
948. Cuerpo harto, a Dios alaba.
949. Cabra, caballo y mujer, gordos los has de escoger.
950. Cada pájaro canta su canción.
951. Caminante cansado, subirá en un asno si no encuentra/alcanza caballo.
952. Caridad y amor, sin tambor.
953. Casa barrida y mesa puesta, huéspedes espera.

954. Casado por amores, casado con dolores.
955. Como se vive, se muere.
956. Compañía de dos, compañía de Dios.
957. Conciencia ancha, la bolsa ensancha.
958. Cual el cuervo, tal su huevo.
959. Cuando el cantor duda, tose y se demuda.
960. Cuando la cólera sale de madre, no tiene lengua padre.
961. Cuando no lo dan los campos, lo hacen los santos.
962. Cada asno, con su tamaño.
963. Calle quien tiene por qué.
964. Cama de novio, dura y sin hoyos.
965. Capitán vencido, ni loado ni bien recibido.
966. Casa no hará, quien hijos no ha.
967. Cien dueñas en un corral, todas dicen un cantar.
968. Como soy del campo, aquí me zampo.
969. Con las glorias se olvidan las memorias.
970. Cortesía de boca, gana mucho a poca costa/mucho vale y poco costa.
971. Coser y hacer albardas, todo es dar puntadas.
972. Cuando corre la ventura, las aguas son truchas.
973. Cuanto uno más tiene, tanto más retiene.
974. Cabra que tira al monte, no hay cabrero que la guarde.
975. Calentura del hogar; sólo dura hasta el umbral.
976. Campana cascada, nunca sana.
977. Cochino fiado, buen invierno y mal verano.
978. Como la moza del abad, que no cuece y tiene pan.
979. Con lo que sana el hígado, enferma la bolsa.
980. Consejo sin remedio es cuerpo sin alma.
981. Cual es el rey, tal la grey.
982. Cuando Dios no quiere, los santos no pueden/el santo no puede.
983. Cual el tiempo, tal el tiento.
984. Cada renacuajo tiene su cuajo.
985. Cada día gallina, amarga la cocina.
986. Cada gallo canta en su muladar.
987. Cada mochuelo a su olivo.
988. Coser y cantar, todo es empezar.

**989.** Cuanto más vieja, más pelleja.

**990.** Cuando seas padre/mayor comerás carne/huevos.

**991.** Charlando y andando, sin sentir se va caminando.

**992.** Caballo, mujer y escopeta son prendas que no se prestan.

**993.** Cada uno es como lo hizo Dios, y un poquito peor.

**994.** Cada uno juzga por su corazón el ajeno.

**995.** Casa donde la mujer manda, mal anda.

**996.** Castellano fino, el pan, pan, y el vino, vino.

**997.** Clérigo, fraile o judío, no le tengas por amigo.

**998.** Comer ajo y beber vino, no es desatino.

**999.** Con astucia, y no con fuerza, del rico el pobre se venga.

**1000.** Con el castigo, el bueno se hace mejor y el malo se hace peor.

**1001.** Con niño consentido, sermón perdido.

**1002.** Con salud y dinero, hago cuanto quiero.

**1003.** Cortesía y bien hablar, cien puertas nos abrirán.

**1004.** Chatedad es fealdad, cuando no es graciosidad.

**1005.** Cual es el padre, así los hijos salen.

**1006.** Cuando el viejo no bebe, cerca está de la muerte.

**1007.** Cuando la mierda se sube a lo alto, más apesta y da más asco.

**1008.** Cuando pases por la tierra de los tuertos, cierra un ojo.

**1009.** Cuanto más amigos, más claros.

**1010.** Cuñados y rejas de arados solo son buenos enterrados.

**1011.** Caballo que al ver la yegua no relincha, merece albarda, y no silla.

**1012.** Cada pro tiene su contra.

**1013.** Callar y callemos, que los dos por qué callar tenemos.

**1014.** Caricias de puta y convites de tabernero, siempre cuestan dinero.

**1015.** Casa nueva, no habites en ella.

**1016.** Cobra buena fama, y échate a dormir, y mira no te duermas porque no la pierdas.

**1017.** Como los árboles son las personas: unas dan fruto o sombra, y otras ni fruto ni sombra.

**1018.** Compuesta, no hay mujer fea.

**1019.** Con el vino sanaría yo, marido; con el agua póngome mala.

1020. Con tontos, ni a comer merengues.

1021. Cosa que se estrena, es cosa buena.

1022. Cuando el vil enriquece, no conoce hermano ni pariente.

1023. Cuando la ocasión llega, el más amigo la pega.

1024. Cuerpo en la cama, si no duerme, descansa.

1025. Cuesta arriba o cuesta abajo, echa siempre por el atajo.

1026. Cuando vos íbades, yo venía de moler.

1027. Cuando no seas preguntado, estáte callado.

1028. Cuando fueres a cagar, lleva con qué te limpiar.

1029. Copas son triunfos.

1030. Con la paciencia se gana el cielo.

1031. Comer sin trabajar, no se debiera tolerar.

1032. Cerrar el arca ya hecho el robo, es precaución de bobo.

1033. Casarás y te arrepentirás.

1034. Cada uno va a su avío, y yo, al mío.

1035. Cada uno halla horma de su zapato.

1036. Cabeza grande, talento chico.

1037. Cada cual hable en aquello que sabe, y en lo demás se calle.

1038. Cara con entrecejo, hombre de mal genio.

1039. Casa mal guardada, pronto robada.

1040. Cerezas y males traen detrás otros tales.

1041. Cojo con miedo, corre ligero.

1042. Como soy gallego, ni pago ni niego.

1043. Con el poderoso de mala intención no vale justicia ni razón.

1044. Con paciencia y saliva, doñeó el elefante a la hormiga.

1045. Conquista de mujer fea, poco trabajo cuesta.

1046. Contra más grandullón, más bribón.

1047. Cruz y raya, para que no se me vaya.

1048. Cuando el rico habla, todos ponen buena cara.

1049. Cuando la rana críe pelo, serán los cojos buenos.

1050. Cuando pobre, largo; cuando rico, escaso.

1051. Cuanto más tarde nacido, tanto más querido.

1052. Cuentas claras, amistades largas/conservan amistades.

1053. Caballo regalado, tenlo por bueno aunque sea malo.

**1054.** Cada abeja vive en su colmena, y no se mete en la ajena.

**1055.** Cada día que amanece, el número de los tontos crece.

**1056.** Cada uno muere de su vicio.

**1057.** Cara de puta, tarde se arruga.

**1058.** Carta echada, no puede ser retirada.

**1059.** Casi siempre la caga quien de apariencias se paga.

**1060.** Cerca de la iglesia, lejos de Dios.

**1061.** Comiendo entra la gana.

**1062.** Compra de quien heredó, no compres de quien compró, que sabe lo que costó.

**1063.** Con chatos, poco o ningún trato.

**1064.** Con poca comida se pasa mejor la vida.

**1065.** Con tal que me teman, paso porque me aborrezcan.

**1066.** Cosa que se hace por fuerza no es duradera.

**1067.** Cuando el hombre está en duda, con poca cosa se muda.

**1068.** Cuando la ventura pase por tu puerta, hállela abierta.

**1069.** Cuando no hay otro remedio, echar por la calle de en medio.

**1070.** Cuánto cuesta la comida, solo sabe el que convida.

**1071.** Cuestas arriba, quiero mi mulo; que cuestas abajo, yo me las subo.

**1072.** Cacarear y no poner huevo, cada día lo vemos.

**1073.** Cada hombre cuerdo lleva un loco dentro.

**1074.** Cargado de hierro, cargado/cagado de miedo.

**1075.** Casada y arrepentida, y no monja metida.

**1076.** Casa propia es un tesoro que no es pagado con oro.

**1077.** Catalanes y gatos, animales ingratos.

**1078.** Como hoy a tu suegra ves, verás al cabo a tu mujer.

**1079.** Compostura de zapatos y sombrero teñido, dinero perdido.

**1080.** Con gente de teatro no tengas trato.

**1081.** Con necios y porfiados se hacen ricos los letrados.

**1082.** Contra el amor es remedio poner mucha tierra en medio.

**1083.** Cosas que se hacen de prisa, se sienten despacio.

**1084.** Cuando algo dicen, algo hay.

**1085.** Cuando es mucha la pámpana, son pocos los racimos.

**1086.** Cuando la mujer amenaza al marido con cuernos, ya se los ha puesto.

1087. Cuando nos aman, señoras nos llaman; cuando nos tienen, ya no nos quieren.

1088. Cuando te dolieron las tripas, hazlo saber al culo.

1089. Cuenta por bienes los males que no tienes.

1090. Cabello crespo, calvo presto.

1091. Cada hombre es un mundo.

1092. Cada uno en su elemento, halla mejor asiento.

1093. Camisa y toca negra, no sacan ánima de pena.

1094. Casamiento, en igualdad, hasta en la edad.

1095. Casa vieja, todas son goteras.

1096. Cierre tras sí la puerta, quien no la halló abierta.

1097. Cogido con el hurto en las manos, en balde es negarlo.

1098. Con ayuda de vecino, mató mi padre un cochino.

1099. Con gente mal criada, nada.

1100. Con militares, frailes y gatos, pocos tratos.

1101. Con rabia el perro, muerde a su dueño.

1102. Con una rueda no anda una carreta.

1103. Cuál más, cuál menos, de la cintura arriba todos somos buenos.

1104. Cuando escribas alguna carta, léela despacio antes de enviarla.

1105. Cuando mandan las armas, no hay ley que valga.

1106. Cuando mayor es la fortuna, tanto es menos segura.

1107. Cuanto se hace por despecho, es mal hecho.

1108. Cabello luengo, y corto el seso.

1109. Cada amén que el cura dice, le vale un par de perdices.

1110. Cada uno habla como quien es.

1111. Cada uno tiene su cada una, y cuando no, la busca.

1112. Casarse con un hombre de sesenta años, mal apaño.

1113. Coces de garañón, para la yegua cariños son.

1114. Como no son tuyos los zapatos, tiras por el barro.

1115. Compañía no engañosa, yo y mi sombra.

1116. Con cada miembro, el oficio que convenga; no hables con el dedo, pues no coses con la lengua.

1117. Con lo que desmedra la honra, suele medrar la bolsa.

1118. Con putas y frailes, poco hables.

**1119.** Contra lo mal aprendido, el remedio es el olvido.

**1120.** Cuando chilla la sartén, buen día quiere hacer.

**1121.** Cuando la burra quiere, el burro no puede.

**1122.** Cuando la limosna es muy grande, hasta el santo desconfía.

**1123.** Cuando no hay solomo, yo todo lo como.

**1124.** Cuando se va para rico, hasta las mulas paren potricos.

**1125.** Cuenta errada, sea enmendada/que no valga nada.

**1126.** Cada día un grano pon, y harás montón.

**1127.** Cada uno puede hacer de su capa un sayo.

**1128.** Celos con celos se curan.

**1129.** Como la manzana, de dentro podrida, de fuera sana.

**1130.** Cómplice y asesino van por el mismo camino.

**1131.** Con gran necesidad, ninguno es liberal.

**1132.** Con putas y soldados, echa la vergüenza a un lado.

**1133.** Cuando de las mujeres hables, acuérdate de tu madre.

**1134.** Cuando masques, no chasques.

**1135.** Cuando te sientes a comer, los codos en la mesa no has de poner.

**1136.** Cuando el dinero habla, todos callan.

**1137.** Contigo, pan y cebolla.

**1138.** Con hombres que no lo son, poca o ninguna conversación.

**1139.** Como quiera que sea, más cerca estás la taberna que la iglesia.

**1140.** Ciento que hice, a todos satisfice; pero una que erré, y todas las cagué.

**1141.** Casamientos de parientes tienen muchos inconvenientes.

**1142.** Cada uno como pueda se explique, y se rasque donde le pique.

**1143.** Cuanto menos los amigos, son menos los enemigos.

**1144.** Castillos muy fuertes vienen al suelo de repente.

**1145.** Cada uno hace como quien es.

**1146.** Codicia mala, saco rompe.

**1147.** Con esos polvos se hicieron esos lodos.

**1148.** Cada día olla, amargaría el caldo.

**1149.** Cantar mal y porfiar.

1150. Cuando te dieren la vaquilla, corre con la soguilla.

1151. Cada uno con su ventura.

1152. ¿Cómo te hiciste calvo? —Pelo a pelo pelando.

1153. Camino de Santiago, tanto anda el cojo como el sano.

1154. Cierra tu puerta y alaba a tu vecino.

1155. Cantarillo que muchas veces va a la fuente, o deja el asa o la fuente.

1156. Cierzo y mal señor, destruyen a Aragón.

1157. Cordobés, mala res; de una aguja hace tres.

1158. Comed y no gimáis, o gemid y no comáis.

1159. Como midieres, serás medido.

1160. Cuando pobre, franco; cuando rico, avariento.

1161. Como el caracol, cuanto tiene trae a cuestas.

1162. Cada cosa en su tiempo, y nabos en Adviento.

1163. Cuanto sabes no dirás, cuanto ves no juzgarás, si quieres vivir en paz.

1164. Cebada granada, a ocho días segada.

1165. ¿Cómo criaste tantos hijos? —Queriendo más a los más chicos.

1166. Cuando todos te dijeron que eres asno, rebuzna.

1167. Calenturas de mayo, salud para todo el año.

1168. Casar, casar: suena bien y sabe mal.

1169. Cien sastres, y cien molineros, y cien tejedores, son trescientos ladrones.

1170. Cuando Guara tiene capa y Moncayo chapirón, buen año para Castilla y mejor para Aragón.

1171. Carga la nao trasera si quieres que ande a la vela.

1172. Cerca le anda el humo tras la llama.

1173. Con mal o con bien, a los tuyos te atén.

1174. Cuando aquí nieva, ¿qué hará en la sierra?

1175. Casa con dos puertas no la guardan todas dueñas.

1176. Continua gotera horada la piedra.

1177. Cuando uno no quiere, dos no barajan/pelean, y menos si los dos se apartan.

1178. Casar, casar, que bien que mal.

1179. Chica es la punta de la espina, mas a quien duele no la olvida.

1180. Cuanto digo, todo es machacar en hierro frío.

1181. Con aqueste asno viejo compraremos otro nuevo.

1182. Caballito de bamba, que ni come, ni bebe, ni anda.

1183. Caballero en buen caballo; en ruin, ni bueno ni malo.

1184. Cabra loca, por do va una van todas.

1185. Cada cual ama a su igual, y siente su bien y su mal.

1186. Cada día tres o cuatro, agotarse ha el saco.

1187. Cada ruin quiere a su hijo.

1188. Cada uno donde es nacido, bien se está el pájaro en su nido.

1189. Cada uno es hijo de sus obras.

1190. Calenturas otoñales, o muy longas o mortales.

1191. Can que mucho ladra, ruin es para casa.

1192. Canta la rana, y baila el sapo, y tañe la vigüela el lagarto.

1193. Caracol, caracol, saca los cuernos al sol.

1194. Carne de hoy, pan de ayer, vino de antaño.

1195. Casa convidada: pobre y denostada.

1196. Casado te veas, molino.

1197. Casa mal avenida, presto es recibida.

1198. Casarte: así gozarás de los tres meses primeros, y después desearás la vida de los solteros.

1199. Casa sin moradores, nido de ratones.

1200. Cebada la que yo quisiere, y trigo el que Dios me diere.

1201. Cerco de sol moja al pastor, que el de la luna, ese le enjuga.

1202. Cierra la puerta y daca la llave, y quien viniere, que llame.

1203. Claro está ese huevo, y estaba un pollo dentro.

1204. Colar el mosquito y tragar el camello.

1205. Comamos y bebamos y nunca más valgamos.

1206. Comenzar el rábano por las hojas.

1207. Come por vivir y bebe por comer.

1208. Comer y beber como cuerpo de rey.

1209. Como a tres con una zapata, que la que antes se levanta, esa se la calza.

1210. Como el perro de muchas bodas, que en ninguna come por comer en todas.

1211. ¿Cómo os va de amores? —Como a mayo con sus flores;

si a él le va bien, a mí también.

1212. Compañía de tres, buena es; de cuatro, dadla al diablo.

1213. Con ajena mano sacar la culebra del forado.

1214. Con brevas, vino bebas; con higos, agua y vino.

1215. Con el tiempo todo se sabe, y con el tiempo, todo se olvida y deshace.

1216. Confiado da a la puerta quien trae buena nueva.

1217. Con las malas comidas y peores cenas, menguan las carnes y crecen las venas.

1218. Con lo que Pedro adolece, Sancho/Domingo convalece.

1219. Conocerá un huevo entre mil cebollas.

1220. Consuelo es a los penados contar sus fatigas y cuidados.

1221. Con una piedra/un tiro matar dos pájaros.

1222. Con viejo te casaste, a la puerta no te paraste.

1223. Corra el agua por do suele.

1224. Cosas hay que son mejores para hechas que no para dichas.

1225. Costóle la torta un pan.

1226. Cual el año, tal el jarro.

1227. Cual es la campana, tal es la badajada.

1228. Cualquiera palabra no quiere respuesta, ni buena ni mala.

1229. Cuando al ruin hacen señor, no hay cuchillo de mayor dolor.

1230. Cuando canta la abubilla, deja el buey y toma la gavilla.

1231. Cuando Dios amanece, para todos amanece.

1232. Cuando Dios da, para todos da.

1233. Cuando el amo llama señor al criado, cerca anda el palo.

1234. Cuando el juez es necio, y el letrado flojo, y el procurador también, ¡guay de ti, Jerusalén!

1235. Cuando el tiempo luce, el agua aduce.

1236. Cuando está el trigo en los campos, es de Dios y de los santos; cuando está en los cilleros, no se puede haber sin dineros.

1237. Cuando fueres a concejo, acuerda en lo tuyo y deja lo ajeno.

1238. Cuando hicieres limosna, si lo sabe esta mano, no lo sepa la otra.

**1239.** Cuando lo busco, nunca lo veo; cuando no lo busco, hételo aquí luego.

**1240.** Cuando llueve y hace sol, coge el caracol.

**1241.** Cuando Peribáñez no tiene qué comer, convida huéspedes.

**1242.** Cuando truena, o llueve o quiere llover.

**1243.** Cuando vieres tu casa quemar, llégate a escalentar.

**1244.** Cuanto más se tiene, tanto más se desea y se quiere.

**1245.** Cuchillo mangorrero, no corta en la carne, y corta el dedo.

**1246.** Cuidado ajeno, cuelga de pelo.

**1247.** Caballeros de Medina mal amenazado me han.

**1248.** Caballo ruán, muchos le loan y pocos le han.

**1249.** Cada uno cuida de su negocio, y Dios del de todos.

**1250.** Caliente la comida y fría la bebida.

**1251.** Cara es la plaza, pero más cara es la caza.

**1252.** Casadica, de vos dicen mal. —Digan, digan, que ellos casarán.

**1253.** Casa sin chimenea: de mujer pobre o yerma.

**1254.** Come por vivir y no vivirás por comer y beber.

**1255.** Comiendo holgando, comiendo trabajando.

**1256.** Como el alma de Garibay, que ni la quiso Dios ni el diablo.

**1257.** Componte, novia, que has de ir a la boda.

**1258.** Con el veranillo, cualquier pastorcillo; con el aguanieve, busca quien las lleve.

**1259.** Con mal anda la casa donde la rueca manda a la espada.

**1260.** Con un mucho y dos poquitos se hacen los hombres ricos.

**1261.** Cosa prometida es medio debida, y debida enteramente si quien promete no miente.

**1262.** Cual seso tuve, tal cabeza traigo.

**1263.** Cuando dos voluntades están conformes, de poco sirven revolvedores.

**1264.** Cuando estés en enojo, acuérdate que puedes venir a paz; y cuando estés en paz, acuérdate que puedes venir a enojo.

**1265.** Cuando los Pedros están a una, mal para Álvaro de Luna.

**1266.** ¿Cuántas son cinco? Tres de blanco y dos de tinto/dos de blanco y tres de tinto.

**1267.** Cuerpo, cuerpo, que Dios dará paño.

**1268.** Caballo ligero en guerra, hombre de armas en paz, infante nunca jamás.

**1269.** Cada hormiga tiene su ira.

**1270.** Cada uno se rasca donde le come/pica.

**1271.** Calle por su vida, calle, no nos oigan, que no soy en la calle.

**1272.** Carga que aplace, bien se trae.

**1273.** Casa en cantón y viña en rincón.

**1274.** Casóse con gata por amor de la plata; gastóse la plata y quedóse la gata en casa.

**1275.** Cerrar la boca y abrir la bolsa.

**1276.** Coles y nabos, para en uno son entrambos.

**1277.** Comer a gusto y vestir al uso.

**1278.** Como come el mulo, caga el culo.

**1279.** ¿Cómo os va? —Bien a ratos y mal de contino.

**1280.** Compra en la casa y vende en tu casa.

**1281.** Con el viento se limpia el trigo, y los vicios con castigo.

**1282.** Con necios y porfiados labro yo los mis tejados.

**1283.** Con un ojo durmiendo, con otro velando y viendo.

**1284.** Costurera mala, la hebra de a brazada/de a vara/larga.

**1285.** Cual tenéis la cara, tal tengáis la Pascua.

**1286.** Cuando el carro vuelve el rabo, o quiere amanecer o es día claro.

**1287.** Cuando febrero no febrerea, marzo marcea.

**1288.** Cuando llueve, llueve; cuando nieva, nieva; cuando hace viento, entonces hace mal tiempo.

**1289.** Cuanto abasto, tanto gasto.

**1290.** Caballo en carrera, sepultura abierta.

**1291.** Cabrito de un mes, recental de tres.

**1292.** Cada hombre tiene su nombre.

**1293.** Cada uno puede hacer de su capa un sayo.

**1294.** Cañas vanas, cañas vanas; mucho creces y poco granas.

**1295.** Casa cumplida, en la otra vida.

**1296.** Casa mía, casa mía; por pequeña que tú seas me pareces una abadía.

**1297.** Cenas, soles y Magdalenas tienen las sepulturas llenas.

**1298.** Cochino de febrero, con su padre al humero.

**1299.** Come poco y cena más, duerme en alto y vivirás.

**1300.** Come y huelga, y tendrás vida buena.

**1301.** Como digo de mi cuento, en verdad que no miento.

**1302.** Como tabilla de mesón, que a todos da mamparo y a sí non.

**1303.** Con buen traje se entra y encubre el ruin linaje.

**1304.** Con lo mío me haga Dios bien; y era hurtado.

**1305.** Contra fortuna no vale arte/fuerza ninguna.

**1306.** Cosa bien negada, nunca es bien probada.

**1307.** Cual más, cual menos, toda la lana es pelos.

**1308.** Cuando Dios da la llaga, da el remedio que la sana.

**1309.** Cuando entrares en la villa, muéstrame la madre; direte quien es la hija.

**1310.** Cuando lava la sucia, el sol se añubla; cuando tiende, la llueve, y cuando seca, apedrea.

**1311.** Cuando un lobo come a otro, no hay qué comer en el soto.

**1312.** Cuerda sois, doña María; tenéis gracia en regalar.

**1313.** Cada buhonero alaba sus cuchillos.

**1314.** Cada uno en lo que se cría, y en la buena crianza la hidalguía.

**1315.** Can que muerde, no ladra en vano.

**1316.** Carne pone carne, vino pone sangre, y pan atiesa.

**1317.** Casa en que vivas, vino que bebas, tierras cuantas veas.

**1318.** Castigo de vieja nunca hace mella.

**1319.** Cinco dedos en una mano, y en la otra tres y dos, dais por amor de Dios.

**1320.** Colorado y negro: los colores del infierno.

**1321.** Comer bien y cagar fuerte, y no haber miedo a la muerte.

**1322.** Con amor se paga amor, y con tales otras, las buenas obras.

**1323.** Con hierro y vinagre, buena tinta se hace.

**1324.** Conocido el daño, el huirlo es lo sano.

1325. Corazón dudoso, determínase con poco.

1326. Crece el membrillo y mudará el pelillo.

1327. Cuando al pastor se le muere la oveja, paga con la pelleja.

1328. Cuando el durazno está en flor, la noche y el día están de un tenor.

1329. Cuando fueres a casa ajena, llama de afuera.

1330. Cuando llueve y hace viento, cierra la puerta y estate dentro.

1331. Cuarto falso de noche pasa.

1332. Cada gallo canta en su gallinero, y el español, en el suyo y en el ajeno, cuando es bueno.

1333. Cada uno llega/lleva la brasa a su sardina.

1334. Cantó el pardal, y cantó por su mal.

1335. Carne hace buen caldo.

1336. Casa hecha y viña puesta, ninguno sabe cuánto ella cuesta.

1337. Cebada para marzo, leña para abril y trigo para mayo.

1338. Coces de yegua, amor es para el rocín.

1339. Comed, locos, que ansí hago yo de la hacienda de estos otros.

1340. Comer y beber, echa la casa a perder; dormir y holgar, no la puede ganar.

1341. Con arte y con engaño se vive la mitad del año, y con engaño y arte se vive la otra parte.

1342. Con latín, rocín y florín, andarás el mundo hasta el fin y podrás ver el Miramanolín.

1343. Contentaos con lo vuestro y dejad lo ajeno.

1344. Cortesía es bien hablar: cuesta poco y mucho vale.

1345. Cuales palabras dicen al hombre, tal corazón le ponen.

1346. Cuando Dios da la harina, el diablo llevó la quilma.

1347. Cuando el trigo está en la era, anda el pan por la artesa.

1348. Cuando la moza no está de gana, Lázaro cierne y hace la cama.

1349. Cuando topares con el loco, finge negocio.

1350. Cuenta tus duelos y deja los ajenos.

1351. Comer poco y andar alegres.

1352. Comadre andariega, donde voy allá vos hallo.

**1353.** Clara luna es la de agosto, si la de enero la diese en rostro.

**1354.** Cada cabello hace su sombra en el suelo.

**1355.** Cada uno en su casa es rey.

**1356.** Cuando venís, marido, de arar: ¿qué me hiciera si hilárades?

**1357.** Cata el pato entre los cisnes.

**1358.** Claridad, y no en el caldo.

**1359.** Con la muerte todo se acaba/cesa.

**1360.** Comer poco y beber menos, a lujuria pone freno.

**1361.** Coma, señora casada; coma, que no come nada.

**1362.** Cada cual quiere a su igual; la burra quiere al borrico, y por eso se unen mal un buey grande y otro chico.

**1363.** Cada uno en su negocio sabe más que el otro.

**1364.** Cansa quien da, y no cansa quien toma, ni cansará.

**1365.** Cocear/tirar coces contra el aguijón.

**1366.** Con poco viento, cae en el suelo torre sin cimiento.

**1367.** Corazón sin engaño no piensa malo.

**1368.** ¿Cuál diablo te trajo por aqueste barrio?

**1369.** Cuando cae la vaca, aguzar los cuchillos.

**1370.** Cuando el río no hace ruido, o no lleva agua o va muy crecido.

**1371.** Cuando ha bien tronado y truena, fuerza es que llueva.

**1372.** Cuando no llueve en febrero, no hay buen prado ni buen centeno.

**1373.** Cuatro bueyes en un carro, si bien tiran para arriba, mejor tiran para abajo.

**1374.** Cantó al alba la perdiz, más la valiera dormir.

**1375.** Cada cual siente sus duelos, y pocos los ajenos.

**1376.** Cantó el gallo: no supo cómo ni cuándo.

**1377.** Comedíos antes que os coman.

**1378.** Con regla, peso y medida, pasará en paz nuestra vida.

**1379.** Córtale el rabo al perro, y cátale pediguero.

**1380.** Cual es el alma, tal anda la criada

**1381.** Cuando canta el cuco, una hora llueve y otra hace enjuto.

**1382.** Cuando el río zurrea, o lleva agua o piedra.

**1383.** Cuando hablares de alguien, mira de quién, a dónde, y qué, cómo, cuándo y a quién.

**1384.** Cuando no pudieres trabajar, lo dejes; y cuando pudieres trabajar, no lo dejes, aunque no te den lo que mereces.

**1385.** Cuatro cosas ha de procurar tener y sustentar al hombre principal: buena mujer, buena casa, buen caballo y buenas armas.

**1386.** Con su pan se lo coma(n).

**1387.** Cual es el don, tal es el que le dio.

**1388.** Cuando como no conozco; cuando acabo de comer, comienzo a conocer.

**1389.** Cuando el sol sale, para todos sale.

**1390.** Cuando la hormiga se quiere perder, alas nuevas la quieren nacer.

**1391.** Cuando pitos, flautas; cuando flautas, pitos.

**1392.** Cuatro cosas hay en España que son excelentes, y son, las campanas de Toledo, el reloj de Benavente, el rollo de Écija y el rollo de Villalón.

**1393.** ¿Cuál es el necio que se cura con médico enfermo?

**1394.** Cuando chiquito, bonito; cuando grande, grande asno.

**1395.** Cuando todos te dijeren que eres asno, rebuzna y ponte rabo.

**1396.** Cuenta tu pena a quien sabe de ella.

# REFRANES QUE EMPIEZAN POR D

1397. Del cielo para abajo cada uno come de su trabajo.
1398. Dios me libre de las aguas mansas, que de las corrientes ya me libro yo.
1399. Donde me encuentro me hallo.
1400. Donde fueres, haz lo que/como vieres.
1401. Dame pan y dime tonto.
1402. De día beata y de noche gata.
1403. Donde hay patrón, no manda marinero.
1404. De padres gatos, hijos mininos/michines.
1405. De lo perdido, saca lo que puedas.
1406. De sabio, músico, poeta, y loco, todos tenemos un poco.
1407. De cuerdo y loco todos tenemos un poco.
1408. Después de visto, todo el mundo es listo.
1409. Del amor al odio hay un paso.
1410. Donde las dan, las toman.
1411. Desgracia compartida, menos sentida.
1412. Dime con quién andas/fueres, y te diré quién eres/diréte lo que hablas/tus mañas.
1413. De casta le viene al galgo el ser rabilargo.
1414. Dar consejo y el remedio, favor completo.
1415. De banquetes y cenas están las sepulturas llenas.
1416. Dios que da la llaga, da la medicina.
1417. Dos no riñen, si uno no quiere.
1418. Dios consiente, mas no siempre.
1419. Dame al médico que sana, y quédate con el que parla.
1420. Di mentira y sacarás verdad.
1421. Donde no hay harina, todo es mohína.
1422. De mala vid, mal sarmiento.
1423. De desagradecidos está el mundo/infierno lleno.
1424. Dime de qué presumes/lo que blasonas, y te diré de qué careces.
1425. De esta vida sacarás lo que disfrutes, nada más.
1426. De padres cantores, hijos jilgueros.
1427. Del dicho al hecho hay un gran trecho.

**1428.** Deprisa viene el mal, pero cojeando se va.

**1429.** Dame dinero y no consejos.

**1430.** Después de la tormenta viene la calma.

**1431.** Detrás de un gran hombre, siempre hay una gran mujer.

**1432.** Dinero llama a/gana/busca dinero.

**1433.** Dios aprieta, pero no ahoga.

**1434.** De la mujer y el dinero, no te burles compañero.

**1435.** De hombres es errar; de bestias perseverar.

**1436.** Donde hay dolencia, haya paciencia.

**1437.** De lo que no cuesta, lleno la cesta.

**1438.** Día de agua, taberna o fragua.

**1439.** De dinero y santidad, la mitad de la mitad.

**1440.** Donde no hay estación, no para el tren.

**1441.** Después de comer, ni una carta leer.

**1442.** Del viejo, el dinero y el consejo.

**1443.** Dos caminos/andares tiene el dinero, viene despacio y se va ligero.

**1444.** De tal palo, tal astilla.

**1445.** Duerme con tu enemigo, y no con tu vecino.

**1446.** Donde menos se piensa/de do no pensáis, salta la liebre, y andábala a buscar por los tejados.

**1447.** Donde hay buen seso hay otro mejor.

**1448.** Dios los cría, y ellos se juntan.

**1449.** Días de mucho, vísperas de nada.

**1450.** Detrás de la cruz está el diablo.

**1451.** Del árbol caído todos hacen leña.

**1452.** De persona beoda no fíes tu bolsa.

**1453.** De los hombres es errar, y de los burros rebuznar.

**1454.** De fuera vendrá quien de casa nos echará.

**1455.** De buena casa, buena brasa.

**1456.** Dádiva ruineja/de ruin, a su dueño semeja/parece.

**1457.** Da Dios almendras al que no tiene muelas.

**1458.** De buena mano, buen dado.

**1459.** De la risa al duelo, un pelo.

**1460.** De médico mozo y barbero viejo, guárdate.

**1461.** De sabios es temer; de locos, acometer.

**1462.** Debajo de una mala capa hay un buen bebedor.

**1463.** Del plato a la boca se enfría la sopa.

**1464.** Dinero no falte y trampa adelante.

**1465.** Doblada es la maldad que es el celo de amistad.

**1466.** Donde hay querer, todo se hace bien.

**1467.** Donde otro mete el pico, mete tú el hocico.

**1468.** Dos veces vence quien a sí mismo se vence.

**1469.** Duelos ajenos matan a los hombres.

**1470.** Donde hay saca y nunca pon, presto se acaba el bolsón.

**1471.** Donde fuego se hace, humo sale.

**1472.** Dios te dé mujer que todos te la codicien y ninguno te la alcance.

**1473.** Días y ollas componen cosas.

**1474.** Después de beber, cada uno dice su parecer.

**1475.** Debajo del dulce cebo está el anzuelo.

**1476.** De pequeña pelea nace muy gran rencor.

**1477.** De los escarmentados nacen los arteros.

**1478.** De las burlas pesadas vienen las puñaladas.

**1479.** Dame donde me siente, que yo haré donde me acueste.

**1480.** Dama, de monte, y caballero, de corte.

**1481.** Dueños lo dan, y siervos lo lloran.

**1482.** Dormiréis sobre ello y tomaréis acuerdo.

**1483.** Donde el oro habla, la lengua calla.

**1484.** Dios sea loado, el pan comido y el corral cagado.

**1485.** Dijo el asno al mulo: «tira/arre allá, orejudo».

**1486.** Desgraciado en el juego, afortunado en amores.

**1487.** Del bien al mal no hay un canto de real.

**1488.** De padre santo, hijo diablo.

**1489.** De lo que harto abunda, nadie gusta.

**1490.** De la mano a la boca se pierde la sopa.

**1491.** De amigo a amigo, agraz en el ojo.

**1492.** Dos tocas en un hogar, mal se pueden concertar.

**1493.** Donde sacan y no meten, presto se halla el cabo.

**1494.** Donde fuerza viene, derecho se pierde.

**1495.** Dios da el frío conforme a la ropa.

**1496.** Dichoso el hijo que tiene a su padre en el infierno.

**1497.** Del mal, el/lo menos.

**1498.** De tales bodas, tales costras.

1499. De noche, a la vela, la burra parece doncella.
1500. De los buenos días se hacen los malos años.
1501. De la necesidad nace el consejo.
1502. Dando gracias por agravios, negocian los hombres sabios.
1503. De esos caldos, denle hartos.
1504. De los enemigos, los menos.
1505. De noche todos los gatos son pardos.
1506. Debajo de mi manto, al rey mato.
1507. Del pobre, la bolsa con poco dinero rebosa.
1508. Dijo el cazo a la caldera: «apártate, que me tiznas».
1509. Donde buenas ollas quiebran, buenos cascos quedan.
1510. Dos dueños/amigos de una bolsa, el uno canta y el otro llora.
1511. De comienzo chico viene granado hecho.
1512. De la abundancia del corazón, habla la boca.
1513. De la vaca flaca, la lengua y la pata.
1514. De mí digan, y a mí pidan.
1515. De reír vine a llorar, y de llorar a reír.
1516. Decir y hacer no comen a una mesa.
1517. Desnudo nací, desnudo me hallo: ni pierdo ni gano.
1518. Dineros de avaro, dos veces van al mercado.
1519. Donde hay amor, hay dolor/temor.
1520. De la abundancia viene la vagancia.
1521. De ruin a ruin, quien acomete vence.
1522. Dejemos padres y abuelos, por nosotros seamos buenos.
1523. Del agua bendita, poca basta.
1524. Dar gato por liebre, no solo en las ventas suele verse.
1525. De donde no hay no se puede sacar.
1526. De lo que se come se cría.
1527. De necios está el mundo lleno.
1528. Divide y vencerás.
1529. Da Dios narices a quien no tiene pañuelo.
1530. Dando tiempo al tiempo, el mozo llega a viejo.
1531. Debajo de la manta, ni la hermosa asombra ni la fea espanta.
1532. De cuando en cuando, al desgaire, echa una canilla al aire.
1533. Dé donde diere, y salga lo que saliere.

**1534.** Del amigo envidioso, como del tiñoso.

**1535.** De la risa al llanto no hay más que un paso.

**1536.** De lo que no sabes, no hables.

**1537.** De lo ajeno, mucho y bueno.

**1538.** De mujer libre, Dios nos/me libre.

**1539.** Deseo de soledad, o es mucha virtud, o es mucha maldad.

**1540.** De todo tiene el pueblo, regidores y hombres buenos.

**1541.** Dijo el verdugo al ahorcado: «Poneos a vuestro grado».

**1542.** Do hay riqueza, falta salud.

**1543.** Donde halló un cordero el lobo, allí busca otro.

**1544.** Donde todos mandan, nadie obedece.

**1545.** Dos negaciones, afirman; pero tres no confirman.

**1546.** Dudoso es el heredar y seguro el trabajar.

**1547.** Dámela limpia y delga; que sucia y gorda, ella se volverá.

**1548.** Dando y más dando la gotera, abre agujero en la piedra.

**1549.** De airado a loco va muy poco.

**1550.** De cornudo o de asombrado, pocos han escapado.

**1551.** Defiende el pleito como propio, y siente perderlo como ajeno.

**1552.** Del amigo, usar; pero no abusar.

**1553.** De la ocasión nace la tentación.

**1554.** De lo que ganes, nunca te ufanes; y de lo que pierdes, ni lo recuerdes.

**1555.** Del pan de los pobres, muchos ricos comen.

**1556.** De mujer que es madre, nadie mal hable.

**1557.** De odio de señor y de compañía de traidor, líbrenos Dios.

**1558.** Despertar al que duerme, no es de hombre prudente.

**1559.** De tabaco ajeno, el papel lleno.

**1560.** Dichoso el que escarmienta en cabeza de otro.

**1561.** Dineros quiero, y no consejos.

**1562.** Dios nos libre de la justicia, con verdad o sin ella.

**1563.** Doncellas, sábelo Dios y ellas.

**1564.** Donde no hay miedo, no hay vergüenza.

**1565.** Dos que bien se quieren, en poco lugar caben.

**1566.** Dádivas quebrantan peñas, y hacen venir a las greñas.

**1567.** Dámelo aficionado al juego, y yo te lo daré borracho y mujeriego.

**1568.** De aquel no debes fiar, a quien tú hiciste mal.

**1569.** De cien en cien años, las peñas son llanos.

**1570.** De cuarenta para arriba, no te mojes la barriga.

**1571.** De la ira de los humildes, Dios nos libre.

**1572.** Del avaro un solo bien se espera: que se muera.

**1573.** Del mirar nace el amar, y del no ver, el olvidar.

**1574.** De los celos se engendran los cuernos.

**1575.** De mala sangre, malas morcillas.

**1576.** De mujer que no ama a las flores, no te enamores.

**1577.** Desde la barrera, bien torea cualquiera.

**1578.** De todo hay en la viña del Señor.

**1579.** Diez ladrones y diez alguaciles, veinte hombres viles.

**1580.** Dijo el sabio Salomón que el buen vino alegra el corazón.

**1581.** Dios me dé morena con gracia, y no rubia lacia.

**1582.** Donde entra el aire y el sol, no entra el doctor.

**1583.** Donde se va ganando algo, no se pierde todo.

**1584.** Dos pobres a una puerta, mal se conciertan.

**1585.** Dámelo pobre, y dártelo he aborrecido.

**1586.** Dar una en el clavo y ciento en la herradura, es mala acertadura.

**1587.** De carnicero, cambiarás; pero de ladrón, no podrás.

**1588.** De hombre a hombre solo va el tener o no tener bigotes.

**1589.** De jefes y mulos, cuanto más lejos, más seguros.

**1590.** Delante de otros, ni reces, ni jures, ni te vistas, ni te desnudes.

**1591.** De lo propio, se da un puñado; de lo ajeno, lleno el saco.

**1592.** Del que bien has recibido, muéstrate agradecido.

**1593.** De menos nos hizo Dios.

**1594.** De pobres cunas, grandes fortunas.

**1595.** Desiguales amigos no son amigos; uno sirve y el otro es servido.

**1596.** Detrás del trueno viene la tempestad.

**1597.** Dichosos aquellos cuyos errores cubre la tierra.

**1598.** Dinero que prestaste, enemigo que te echaste.

**1599.** Dios me libre de ojos bizcos, que todo lo ven torcido.

**1600.** Donde hayas de vivir, no hagas daño.

**1601.** Donde oprime la fuerza, la ley se quiebra.

**1602.** Do viejos andan, mozos no agradan.

**1603.** De abrigado, a nadie vi morir; de desabrigado, sí.

**1604.** De buenos y malos se pueblan villas y campos.

**1605.** De ilusiones vive el hombre.

**1606.** De lágrimas de puta y de fieros de rufián no hay que fiar.

**1607.** Del bueno se abusa, y al malo se le atusa.

**1608.** De lo malo, lo mejor.

**1609.** De lo que te digan, ná; y de lo que veas, la mitad.

**1610.** Del uso al abuso, el canto de un duro.

**1611.** De quien al hablar no mira a la cara, de ese te guardas.

**1612.** Desgraciado se vea quien a los suyos desprecia.

**1613.** De todas maneras, aguaderas.

**1614.** Dichosa la rama que al tronco sale.

**1615.** Dios hizo el besar, y el diablo lo demás.

**1616.** Doncella manoseada, dala por desdoncellada.

**1617.** Donde no hay boticarios ni médicos, los hombres se mueren de viejos.

**1618.** Dos cosas no se pueden agotar: el saber y el agua del mar.

**1619.** Dos volverse tres, fácil es.

**1620.** De balde es caro lo que es malo.

**1621.** Decir y hacer, dos cosas suelen ser.

**1622.** Dejar lo cierto por lo dudoso, no es de hombre juicioso.

**1623.** De las carnes, el carnero; de los pescados, el mero.

**1624.** Del hombre amargado no esperes agrado.

**1625.** De los dos males, mejor es que te peas que no que te cagues.

**1626.** De médico experimentador me libre Dios.

**1627.** De rico a pobre pasé, y sin amigos me quedé.

**1628.** Desnudar a un santo para vestir a otro no es de buen acomodo.

**1629.** De un castigado, cien escarmentados.

**1630.** Dificililla es de hallar una aguja en un pajar.

**1631.** Díjome mi madre que porfiase, mas que no apostase.

**1632.** Doma a tu hijo pequeño; que grande no tiene remedio.

**1633.** Donde el galgo no piensa, la liebre salta o se queda.

**1634.** Donde no hay regla, la necesidad la inventa.

**1635.** Dos que se aman, con el corazón se hablan.

**1636.** Debajo del buen sayo, está el hombre malo.

**1637.** De comerciar a robar, poco va.

**1638.** De la discusión nace la luz.

**1639.** De la mujer, el consejo primero; del hombre, el postrero.

**1640.** Del diablo te librarás; pero de tu suegra, no podrás.

**1641.** De los baños, menos provechos que daños.

**1642.** De mostrador adentro, ni amistad ni parentesco; de mostrador afuera, lo que quieras.

**1643.** De quien pide, desconfía; a quien das, no te daría.

**1644.** De su suerte contentos, uno de cientos.

**1645.** De vino aguado o agua envinada, no me des nada.

**1646.** Digan, digan, y llene yo mi barriga.

**1647.** Dios puede mucho; pero puede más el cucho.

**1648.** Donde hay mucha risa, hay poco juicio.

**1649.** Donde no me llaman, no hago falta.

**1650.** De borracho a loco va muy poco.

**1651.** Decir verdad a medias es mentir a enteras.

**1652.** Del amigo y del traidor, guárdeme Dios, pues no puedo yo.

**1653.** Del buen trato nace el ingrato.

**1654.** Del mayor amigo suele venir la mayor lanzada.

**1655.** De sabio hace gala quien no se admira de nada.

**1656.** Deseo de mujer, todo lo llega a vencer.

**1657.** Día de ayuno, largo como ninguno.

**1658.** Disimulado como carga de estiércol.

**1659.** Donde piedad no se siente, ojo por ojo y diente por diente.

**1660.** Dos gallos en un gallinero, no hay paz entre ellos.

**1661.** Decir sí tres veces, negar es.

**1662.** Del amor a las cubas no nacen bubas.

**1663.** Del capón, las piernas; y de la gallina, las tetillas.

**1664.** De los amigos me guarde Dios; que de los enemigos me guardaré yo.

**1665.** Desde lejos se ven los toros sin riesgo.

**1666.** Dijo el muerto al degollado: «¡A fe que estás apañado!»

**1667.** De tu hijo solo esperes lo que con tu padre hicieres.

1668. Decir y hacer no es para todos los hombres.

1669. Dijo la sartén a la caldera: «tirte allá, culinegra».

1670. Duerme quien duerme, y no duerme quien algo debe.

1671. Del lobo un pelo, y ése, de la frente.

1672. Dueños dan y siervos lloran.

1673. ¿De dónde quebró esta astilla? —De este mal madero.

1674. Dineros y diablos no se pueden encubrir.

1675. Di tu secreto a un amigo, y serás siempre su cautivo.

1676. De la mala mujer te has de guardar, y de la buena no fiar/no fíes nada.

1677. Do fuerza viene, derecho se pierde.

1678. Del mal pagador, siquiera en pajas.

1679. Dios me dé contienda con quien me entienda.

1680. Dueña que mucho mira, poco hila.

1681. Del río manso me guarde Dios, que del fuerte yo me guardaré.

1682. De necios leales se hinchen los hospitales.

1683. Dolor de codo, dolor de esposo: duele mucho y dura poco.

1684. Diferencia va de Pedro a Pedro.

1685. Dedo de espada y palmo de lanza.

1686. Descalabrar al alguacil y acogerse al corregidor.

1687. Duero tiene la fama y Pisuerga lleva el agua.

1688. De espacio piensa, y obra aprisa.

1689. Del agua mansa te guarda, que la recia presto pasa.

1690. Dice Menga, y todos de ella.

1691. De gran subida, gran caída: por su mal nacen alas a la hormiga.

1692. ¿De dónde venís? —De la guerra.

1693. Dad al diablo el amigo que deja la paja y lleva el trigo.

1694. Dame gordura, darte he hermosura.

1695. Derramadora de la harina y allegadora de la ceniza.

1696. Día de San Martino, prueba tu vino.

1697. Dificultosamente se guarda lo que a muchos agrada.

1698. Diome Dios un huevo, y diómelo huero.

1699. Do falta dicha, demás está diligencia.

1700. Duelos me hicieron negra, que yo blanca me era.

**1701.** Dama, ¿quién os hizo tan aguda? —agua caliente y levadura.

**1702.** De ingratos está lleno el infierno y de agraciados deseos/abierto el cielo.

**1703.** Día de San Bernabé, dijo el sol: aquí estaré.

**1704.** Dicen que eres bueno, mete la mano en tu seno.

**1705.** Di la razón y no digas el autor.

**1706.** Do conviene obedecer, no ha lugar la cortesía.

**1707.** Do va más hondo el río, hace menos ruido.

**1708.** Da Dios alas a la hormiga para que se pierda más aína.

**1709.** Danle el dedo y toma la mano.

**1710.** Día de nublo: la mañana larga y el día ninguno.

**1711.** Día de San Miguel, quita el agua a tu vergel.

**1712.** Dijo el mosquito a la rana: más vale morir en el vino que vivir en el agua.

**1713.** Dios le perdone, si halla por donde.

**1714.** Do fuerza no basta, maña alcanza.

**1715.** Dad, por Dios, a quien tiene más que a vos.

**1716.** Dar antes de amagar.

**1717.** Día de Santa Lucía, mengua/enchica la noche y crece/engrandece el día.

**1718.** Díjolo a loco, mas no a sordo.

**1719.** Dios me guarde del agua mansa, que yo me libraré de la brava.

**1720.** Dolor de diente, dolor de pariente.

**1721.** Dale, bobo, que a ti te das.

**1722.** De eso que cuesta poco, henchime la cesta.

**1723.** Dice mayo a abril: aunque te pese, me he de reír.

**1724.** Discreto y sabio es el que sufre al que no lo es.

**1725.** Doctores tiene la Iglesia que lo sabrán declarar.

**1726.** Dar bien por mal, amigo real y precepto celestial.

**1727.** Dice el refrán: «allá van los ojos, donde está la voluntad».

**1728.** Dar del pan y del palo para hacer buen hijo del malo.

**1729.** Dice el refrán: «allá van los pies, donde el corazón está».

**1730.** Dios nos tenga de su mano en invierno y en verano, y en todo tiempo del año.

**1731.** Donde comen dos, comerán tres: si más, cabrán a menos.

**1732.** Daría yo un ojo porque a mi enemigo sacasen otro.

**1733.** Dícelo bien y hácelo mal.

**1734.** Dios sabe lo que hace.

**1735.** Donde comen tres, comerán cuatro; añadiendo más en el plato.

**1736.** Dos testigos matan a un hombre.

**1737.** Discreción es saber disimular lo que no se puede remediar.

**1738.** Debajo del buen sayo está el hombre malo.

**1739.** De aquí allá, o se morirá el asno o quien lo arrea.

**1740.** Dios sabe lo que será.

**1741.** Donde está el rey, a cien leguas.

**1742.** Dos porque empiece, y diez porque lo deje.

**1743.** Dios te guíe, y a mí no olvide.

**1744.** Debajo de la manta, tal es la negra como la blanca.

**1745.** Donde va lo más, vaya lo menos.

**1746.** Donde está su dueño, allí está su duelo.

**1747.** Dios te haga bueno, que será como hacerte de nuevo.

**1748.** Donde todos salen llorando, no puedo yo ir cantando.

**1749.** Dormir y guardar la era, no hay manera.

**1750.** Dios y el mundo no pueden andar juntos.

**1751.** Donde hay celos, hay amor; donde hay viejos, hay dolor.

**1752.** Dos Juanes y un Pedro, hacen un asno entero.

**1753.** Donde vayas, de los tuyos hayas.

**1754.** Dinero olvidado, ni ha merced ni grado.

## REFRANES QUE EMPIEZAN POR E

**1755.** En el mundo/país/la tierra de los ciegos, el tuerto es el rey.

**1756.** El tiempo es oro.

**1757.** En casa de herrero, cuchillo de palo/mangorrero.

**1758.** El que es gato siempre maúlla.

**1759.** El mal llama al mal.

**1760.** El borracho, aunque turbio, habla claro.

**1761.** El casado quiere casa, y costal para la plaza.

**1762.** El burro/borriquito por delante, para que no se espante.

**1763.** El errar es humano, el perdonar, divino.

**1764.** El hambre no encuentra peros al condimento.

**1765.** El que avisa no es traidor.

**1766.** El mal entra a brazadas y sale a pulgaradas.

**1767.** El mayor aborrecimiento, en el amor tiene su cimiento.

**1768.** El mejor halago es que lo imiten a uno.

**1769.** El movimiento se demuestra andando.

**1770.** El que nace lechón, muere cochino.

**1771.** En tiempo de tribulaciones no hacer mudanza.

**1772.** El necio es atrevido y el sabio comedido.

**1773.** El que algo quiere, algo le cuesta.

**1774.** El que la hace la paga.

**1775.** El que a buen árbol se arrima, buena sombra le cobija.

**1776.** El que la sigue, la consigue.

**1777.** Entre el honor y el dinero, lo importante es lo primero.

**1778.** El que madruga coge la oruga.

**1779.** El que nace para medio nunca llega a real.

**1780.** En el término medio está la virtud.

**1781.** El que nace para mulo del cielo le cae el arnés.

**1782.** El que no corre, vuela.

**1783.** En los nidos de antaño no hay pájaros hogaño.

**1784.** El que se fue a Sevilla, perdió su silla.

**1785.** Entre bueyes no hay cornadas.

**1786.** El remedio puede ser peor que la enfermedad.

**1787.** Ensuciándose las manos, se puede hacer uno rico.

**1788.** El saber no ocupa lugar/causa hartura.

**1789.** El vicio turba el juicio.

**1790.** El que no trabaje, que no coma.

**1791.** En esta vida caduca el que no trabaja no manduca.

**1792.** En tiempos de guerra, cualquier hoyo es trinchera.

**1793.** Éramos pocos, y parió la abuela.

**1794.** En todas partes cuecen habas, y en algunas a calderadas.

**1795.** Es peor el remedio que la enfermedad.

**1796.** El gato escaldado del agua caliente huye.

**1797.** El dinero y los cojones/calzones para las ocasiones.

**1798.** El avariento, ni pobre ni rico está contento.

**1799.** El pez grande se come al chico.

**1800.** El que rompe, paga.

**1801.** En boca cerrada no entra/n mosca/s.

**1802.** Errando se aprende.

**1803.** El hábito no hace al monje.

**1804.** El hambre agudiza/despierta el ingenio.

**1805.** El joven conoce las reglas, pero el viejo las excepciones.

**1806.** El muerto, al hoyo; y el vivo, al bollo.

**1807.** El ojo del amo engorda al caballo.

**1808.** El asno de Arcadia, lleno de oro y come paja.

**1809.** El que calla, otorga.

**1810.** El diablo no duerme.

**1811.** El que no llora, no mama.

**1812.** Entre pillos anda el juego.

**1813.** El desdén, con el desdén.

**1814.** El maestro Ciruela, que no sabía leer y puso escuela.

**1815.** Es de bien nacido ser agradecido.

**1816.** El alma triste, en los gustos llora.

**1817.** El duro adversario entibia las iras y sañas.

**1818.** El bien no es conocido hasta que es perdido.

**1819.** En arca abierta, el justo peca.

**1820.** El que está en muchos cabos, está en ninguno.

**1821.** El ave muda no hace agüero.

**1822.** El caldo, en caliente; la injuria, en frío.

**1823.** El callar y el hablar no caben en un lugar.

**1824.** El que tiene capa, escapa.

1825. El que te unta los cascos, ese te los quiebra.

1826. El mal cobrador hace mal pagador.

1827. En consejo de bellacos, razonamiento de trapos.

1828. El cornudo es el postrero que lo sabe.

1829. Échate en tu cama y piensa en lo de tu casa.

1830. El cuerdo no ata el saber a estaca.

1831. El deseo vence al miedo.

1832. Extremo es creer a todos, y yerro no creer a ninguno.

1833. El que no cojea, renquea.

1834. Escarba la gallina y halla su pepita.

1835. El malo siempre piensa engaño.

1836. El hombre propone/hace, y Dios dispone/deshace.

1837. El mal del milano, las alas quebradas y el pico sano.

1838. Es más cierto médico el experimentado que el letrado.

1839. El necio hace al fin lo que el discreto al principio.

1840. El que todo lo quiere vengar, presto quiere acabar.

1841. Échate a enfermar, y verás quién te quiere bien y/o quién te quiere mal.

1842. El buen pastor esquila las ovejas, pero no las despelleja.

1843. El buey suelto bien se lame.

1844. El consejo no es bien recibido, donde no es pedido.

1845. El/mi/nuestro gozo en el/un pozo.

1846. El infierno está lleno de buenos deseos, y el cielo de buenas obras.

1847. El lobo muda el pelo, mas no el celo.

1848. El mejor escribano echa un borrón.

1849. El molinero velando gana, no estándose en la cama.

1850. El peligro pasado, el voto olvidado.

1851. El poeta nace, el orador se hace.

1852. El que más habla es el que más tiene que callar.

1853. El rosario al cuello y el diablo en el cuerpo.

1854. El uso hace maestro.

1855. El vulgo juzga las cosas, no como ellas son, sino como se le antoja.

1856. En casa llena, presto se guisa la cena; y en la vacía, más aína.

1857. En la necesidad se conoce la amistad/prueban los

amigos.

**1858.** En río quedo no metas tu dedo.

**1859.** Entre col y col, lechuga.

**1860.** Estómago con hambre, no escucha a nadie.

**1861.** El agua, como buey, y el vino, como rey.

**1862.** El bien suena y el mal vuela.

**1863.** El comer y el rascar, todo es empezar.

**1864.** El día que no escobé, vino quien no pensé.

**1865.** El gato maullador, nunca buen cazador.

**1866.** El hombre a quien muchos temen, a muchos ha de temer.

**1867.** El lobo, harto de carne, se mete a fraile.

**1868.** El mejor remedio es procurar siempre el medio.

**1869.** El miedo guarda la viña.

**1870.** El perro con rabia, a su amo muerde.

**1871.** El pobre que pide pan, toma carne si se la dan.

**1872.** El que las sabe, las tañe.

**1873.** El que se traga un hueso, confianza tiene en su pescuezo.

**1874.** El viejo muda el consejo, mas el mozo persevera.

**1875.** El vientre ayuno no oye a ninguno.

**1876.** En casa del gaitero, todos son danzantes.

**1877.** En los pleitos, diligencia, la bolsa abierta y paciencia.

**1878.** Entierro, bautizo o boda, compendian la vida toda.

**1879.** Entre todos la mataron y ella sola se murió.

**1880.** Explicación no pedida, malicia arguye.

**1881.** El abad, de lo que canta yanta.

**1882.** El amigo ausente, como si fuese presente.

**1883.** El caracol, por quitarse de enojos, por los cuernos dio los ojos.

**1884.** El consejo es como el sello, que imprime en la cera y no en la piedra.

**1885.** El diente miente; la cana engaña; pero la arruga no ofrece duda.

**1886.** El leal amigo, al bien y al mal se para.

**1887.** El malo será bueno cuando la rana tenga pelo.

**1888.** El martillo de plata rompe las puertas de hierro.

**1889.** El hombre y el oso, cuanto más feo/peludo, más

hermoso.

1890. El padre alcalde, y compadre el escribano.

1891. El que desea aprender, muy cerca está de saber.

1892. El que primero llega, ese la calza.

1893. El que se casa, por todo pasa.

1894. El testamento en la uña.

1895. En amistad conocerla, mas no perderla.

1896. En comunidad no luzcas tu habilidad.

1897. En el servicio del criado está el galardón del señor.

1898. En pleito claro no es menester letrado, en oscuro no hay ninguno.

1899. Entre padres/cónyuges y hermanos, no/nadie metas/meta tus/sus manos.

1900. Ese es de llorar, que tuvo bien y vino a mal.

1901. Échale tierra a lo malo, porque no hieda.

1902. El amigo y el diente, aunque duelan, sufrirlos hasta la muerte.

1903. El cebo es el que engaña, que no el pescador ni la caña.

1904. El cuerdo y la cuerda, en mal ajeno castiga.

1905. El dinero y el amor traen los hombres al derredor.

1906. El hombre a los treinta, o vive o revienta.

1907. El mal vecino ve lo que entra, y no lo que sale.

1908. El médico y el confesor, cuanto más viejos, mejor.

1909. El mucho bien hace mal.

1910. El pajar viejo, cuando se enciende, malo es de apagar.

1911. El que del campo viene, caldo quiere.

1912. El que poco tiene, poco se precia.

1913. El que sigue la caza, ese la mata.

1914. El tiempo lo cura todo, o lo pone de lodo.

1915. En buenas manos está el pandero.

1916. En creciendo los favores, luego crecen los dolores.

1917. En esta vida caduca, el que no trabaja no manduca.

1918. En tu casa no tienes sardina, y en la ajena pides gallina.

1919. Errando, errando, se va acertando.

1920. Escucha al agujero, oirás de tu mal y del ajeno.

1921. El avaro, por no dar, tal vez no quiere tomar.

1922. El ciego y el sabio yerran en un paso.

**1923.** El deseo hace hermoso lo feo.

**1924.** El dinero hace al hombre entero.

**1925.** El labrador antes sin orejas que sin ovejas.

**1926.** El mal, para quien lo fuere a buscar.

**1927.** El médico y el cura, para lo ajeno, personas mudas.

**1928.** El mozo perdiendo y el potro cayendo.

**1929.** El pan de los bobos se gasta primero que el de los otros.

**1930.** El pie del dueño, estiércol es para la heredad.

**1931.** El que solo come su gallo, solo ensilla su caballo.

**1932.** El tramposo presto engaña al codicioso.

**1933.** En cada tierra, su uso, y en cada casa, su costumbre.

**1934.** En luengo camino, paja pesa.

**1935.** En porfías bravas, desquícianse las palabras.

**1936.** Entre dos amigos, un notario y dos testigos.

**1937.** Escudero pobre, taza de plata y olla de cobre.

**1938.** El buen paño, en el arca se vende.

**1939.** El hombre es animal de costumbre.

**1940.** El día del placer, víspera es del pensar.

**1941.** El golpe de la sartén, si no duele, tizna bien.

**1942.** El mal nunca hace buen barragán.

**1943.** El mentir pide/quiere memoria.

**1944.** El nombre sigue al hombre.

**1945.** El peligro que no se teme, más presto viene.

**1946.** El placer no comunicado no es placer.

**1947.** El rey entra como puede y reina como quiere.

**1948.** El vidrio y la honra del hombre no tiene más que un golpe.

**1949.** En casa bien regida, no hay pobreza conocida.

**1950.** En enero, el día al sol y la tarde al brasero.

**1951.** Entre amigos y soldados, cumplimientos son excusados.

**1952.** Ese es rey, el que no ve rey.

**1953.** El buey bravo, en tierra ajena se hace manso.

**1954.** El día que te casas, o te curas o te matas.

**1955.** El hermano, para el día malo.

**1956.** El malo, para mal hacer, achaques no ha menester.

**1957.** El perro viejo, si ladra, da consejo.

**1958.** El que compra y miente, en su bolsa lo siente.

**1959.** El salir de la posada es la mayor jornada.

**1960.** El viejo que casa con niña, uno cuida la cepa y otro la vendimia.

**1961.** En arca de avariento, el diablo yace dentro.

**1962.** En la cama del can no busques el pan, ni en el hocico de la perra la manteca.

**1963.** El hijo de la cabra, cabrito ha de ser.

**1964.** El que larga vida vive, mucho mal ha de pasar.

**1965.** En mal de muerte no hay médico que acierte.

**1966.** El fin justifica los medios.

**1967.** El mundo da muchas vueltas.

**1968.** El roce/trato hace/engendra el cariño.

**1969.** En la variedad/variación está/consiste el gusto.

**1970.** En/ante la duda, la más peluda.

**1971.** El adinerado nunca en juicio es condenado.

**1972.** El amor, de necios hace discretos.

**1973.** El arañar y el morder es costumbre de mujer.

**1974.** El bromear, ligerito y sin agraviar.

**1975.** El buen gitano no hurta en su barrio.

**1976.** El buen vino se ha de beber en cristal fino.

**1977.** El catalán, si no te la hizo, pensándola está.

**1978.** El dinero del tonto se escurre pronto.

**1979.** El envidioso, por verte ciego, se saltaría un ojo.

**1980.** El hombre ruin, lo es hasta su fin.

**1981.** El judío y la mujer, vengativos suelen ser.

**1982.** El mejor caminar es no salir de casa.

**1983.** El miedo abulta las cosas.

**1984.** El mucho ofrecer y el poco dar, juntos suelen andar.

**1985.** El niño, por su natural, nace inclinado al mal.

**1986.** El perro que más corre no es el que más caza.

**1987.** El que en mentira es cogido, cuando dice verdad no es creído.

**1988.** El sueño y la muerte, hermanos parecen.

**1989.** El viejo, olvida lo reciente y recuerda lo añejo.

**1990.** En beber y en comer, tiento has de tener.

**1991.** El camino largo, corto el paso.

**1992.** En consejos, oye a los viejos.

**1993.** En esta vida no hay dicha cumplida.

**1994.** En la confianza está el peligro.

**1995.** En la mesa de San Francisco, donde comen cuatro comen cinco.

**1996.** En tierra ajena, el pollo le pica al gallo en la cresta.

**1997.** Entre amigos verdaderos, no se miran los dineros.

**1998.** Escoger y acertar no siempre van a la par.

**1999.** Espada y mujer, ni darlas a ver.

**2000.** El alcalde come de balde.

**2001.** El amor destierra la vergüenza.

**2002.** El amor y los celos son compañeros.

**2003.** El bien y el mal andan revueltos en un costal.

**2004.** El bueno come lechugas, y el malo come pechugas.

**2005.** El buen trigo hace el pan bueno.

**2006.** El cobarde, de su sombra ha miedo.

**2007.** El dinero es para contarlo, y las llaves para guardarlo.

**2008.** El gato y el ratón nunca son de una opinión.

**2009.** El hombre muere, pero su obra vive y permanece.

**2010.** El joven libidinoso, se hace viejo pronto.

**2011.** El mejor camino, el recto.

**2012.** El miedo es mal compañero.

**2013.** El mucho vino saca a hombre de tino.

**2014.** El oficio quita el vicio.

**2015.** El premio estimula el ingenio.

**2016.** El que amenaza, pierde la ocasión de la venganza.

**2017.** El sí a muchos dañó, y a ninguno el no.

**2018.** El verdadero amor no admite división.

**2019.** Enamorado y loco, lo uno es lo otro.

**2020.** En casa ajena, el alma en pena; en casa propia, el alma en gloria.

**2021.** En cojera de perro y lágrimas de mujer, no hay que creer.

**2022.** En el pecado va la penitencia.

**2023.** En la duda, echar por en medio.

**2024.** En la mesa y en el juego se conocen a los caballeros.

**2025.** Enseñando, se aprende.

**2026.** Entre dinero y honor, el dinero es lo mejor.

**2027.** Ese te comas, y yo, palomas.

**2028.** Eso no hagas que no sufre testigo.

**2029.** Excusa no pedida, acusación manifiesta.

**2030.** El amigo de mi amigo, mi amigo; y su enemigo, mi enemigo.

**2031.** El amor es loco, pero a muchos vuelve tontos.

**2032.** El asno y la mujer, a palos se han de vencer.

**2033.** El bebedor fino, a sorbitos bebe el vino.

**2034.** El buen cirujano, corta por lo sano.

**2035.** El candil sin mecha, poco aprovecha.

**2036.** El corazón engaña a los viejos.

**2037.** El dinero no reconoce dueño.

**2038.** El fin del placer es principio del pesar.

**2039.** El hombre prudente mira bien lo que promete.

**2040.** El mal entra como loco, y sale poco a poco.

**2041.** El mejor maestro de espada muere a manos del que no sabe nada.

**2042.** El miedo quita la memoria.

**2043.** El necio habla recio; y el sabio habla quedo.

**2044.** Elogio de enemigo es oro fino.

**2045.** El primer paso es el que cuesta.

**2046.** El que parte, toma la mejor parte.

**2047.** El tiempo aclara las cosas.

**2048.** El viejo que se cuida, cien años dura.

**2049.** El vino y la mujer, el juicio hacen perder.

**2050.** En casa del cerero nadie se acuesta a oscuras.

**2051.** En chico cuerpo, mucha alma cabe.

**2052.** Engañar al engañador, no hay cosa mejor.

**2053.** En la casa, el hombre reina, y la mujer gobierna.

**2054.** En lo que no te toca, punto en boca.

**2055.** Entre amar y aborrecer, poco trecho suele haber.

**2056.** En turbia cuenta, lo mismo da ocho que ochenta.

**2057.** Es muy fácil engañar a quien no sabe mentir.

**2058.** El agua de mi pozo es mejor que la de otro.

**2059.** El amo de la yegua es amo del potro.

**2060.** El amor es rey, y reina sin ley.

**2061.** El buen alimento cría entendimiento.

**2062.** El buen discípulo pasa al maestro.

**2063.** El capitán Araña; que embarcó la gente y se quedó en tierra.

**2064.** El chisme, agrada; pero el chismoso, enfada.

**2065.** El enamorado puede lo que no quiere, y quiere lo que no puede.

**2066.** El hablar es plata y el callar es oro.

**2067.** El hombre guapo ha de oler a vino y a tabaco.

**2068.** El mal del tordo: la cara flaca y el culo/papo gordo.

**2069.** El mejor jugador sin naipes.

**2070.** El mozo no ha la culpa, que la moza se lo busca.

**2071.** El mundo es para los osados; no para los tímidos y callados.

**2072.** El pensar, despacio; el obrar, rápido.

**2073.** El principio es la mitad del fin.

**2074.** El rico solo ayuda a quien le adula.

**2075.** El tiempo es padre de la verdad.

**2076.** El vino da fuerzas, y el agua las quita.

**2077.** En año malo, todos los días son largos.

**2078.** En casa del pobre, el que no trabaja, no come.

**2079.** En diciendo las verdades, se pierden las amistades.

**2080.** En España mandan las faldas.

**2081.** En la casa donde hay dinero, no debe haber más que un cajero.

**2082.** En lo que no te va ni te viene, ni salgas ni entres.

**2083.** Entre amigos no hay cumplidos.

**2084.** Entre la cuna y la sepultura no hay cosa segura.

**2085.** Ese es bueno, que no puede ser malo.

**2086.** El agua todo lo lava, menos la mala fama.

**2087.** El amor a la mujer echa al hombre a perder.

**2088.** El amor iguala al vasallo con el señor.

**2089.** El bien anda, y el mal corre.

**2090.** El buen material hace al buen oficial.

**2091.** El buen seso huye de todo exceso.

**2092.** El culo del muchacho siempre paga el pato.

**2093.** El enamorado y el pez, frescos han de ser.

**2094.** El hombre debe ganarlo, y la mujer, administrarlo.

**2095.** El ignorante es poco tolerante.

**2096.** El llanto alivia el quebranto.

**2097.** El médico, mal se cura a sí mismo.

**2098.** El mejor pescado es el de prado.

**2099.** El mundo siempre se está arreglando, y nunca se acaba de arreglar.

**2100.** El oro hace poderosos, pero no dichosos.

**2101.** El presente y los presentes conquistan a las mujeres.

**2102.** El ruin de Roma, en mentándole luego asoma.

**2103.** El tonto, nace; y el sabio, se hace.

**2104.** El vino abre camino.

**2105.** En amores, los que huyen son vencedores.

**2106.** En cada casa hay su calla, calla.

**2107.** En casa de vecindad, no muestres tu habilidad.

**2108.** Enemigos del placer, sospechar y temer.

**2109.** En la casa del cura siempre hay hartura.

**2110.** En la vida no me quisiste; en la muerte, me plañiste.

**2111.** En ningún sitio atan los perros con longaniza.

**2112.** Entre gitanos no se dice la buenaventura.

**2113.** Es bueno de decir y malo de hacer.

**2114.** El amigo más cierto es el dinero.

**2115.** El amor es gala en el mancebo y crimen en el viejo.

**2116.** El amor es un egoísmo entre dos.

**2117.** El barbero es el cronista diario de cada pueblo.

**2118.** El buen marido, huerfanito.

**2119.** El caminar aplace poco cuando se camina solo.

**2120.** El deber y no pagar es tan antiguo como el mear.

**2121.** El discreto habla poco, y mucho el loco.

**2122.** El estiércol y los suegros, bajo tierra son buenos.

**2123.** El importuno vence al avaro.

**2124.** El mal camino, pasarlo pronto.

**2125.** El más fuerte teme la muerte.

**2126.** El mejor nadar es guardar la ropa.

**2127.** El mozo perezoso, por no dar un paso, da ocho.

**2128.** El padre para castigar, y la madre para tapar.

**2129.** El pez, en el agua y el herrero, en la fragua.

**2130.** El teñirse el hombre cano, no le quita años.

**2131.** El viejo en su tierra y el mozo en la ajena, mienten de una manera/cuanto quieren.

**2132.** El zapatero, juzgue de su oficio y deje al ajeno.

**2133.** En cama extraña mal se juntan las pestañas.

**2134.** En el mundo entero no hay quien no tenga un pero.

**2135.** En España todos servimos para todo, aunque no sirvamos para nada.

**2136.** En la Mancha, bolsas estrechas y conciencias anchas.

**2137.** En las grandes afrentas se conocen los grandes corazones.

**2138.** En moda y en flor, lo que siente mejor.

**2139.** Envidia, ni tenerla ni temerla.

**2140.** Es más la salsa que el manjar.

**2141.** El amor hace mucho, y el dinero lo hace todo.

**2142.** El buen alimento hace joven al viejo.

**2143.** El bueno huye la contienda.

**2144.** El buen piloto se conoce en la borrasca, y no en la calma.

**2145.** El comer mató a muchos; el hambre a casi ninguno.

**2146.** El dinero, del que lo afana; y la honra, del que la gana.

**2147.** El hijo de la madrastra tiene por siervo al de la malograda.

**2148.** El hombre se casa cuando quiere, y la mujer, cuando puede.

**2149.** El lobo pierde los dientes, mas no las mientes.

**2150.** El malo al bueno enoja que al malo, no osa.

**2151.** El matrimonio solo tiene dos días buenos: el primero y el postrero.

**2152.** El mejor marido, el que más ha corrido.

**2153.** El mucho temor impide la lengua.

**2154.** El oficio de picapleitos: embarullarlo todo y hacer lo blanco negro.

**2155.** El pescar con caña quiere paciencia y maña.

**2156.** El seso les sorben las mujeres a los hombres.

**2157.** El vino hace valientes.

**2158.** En boca mellada no entran novios.

**2159.** En casa de tu enemigo, la mujer ten por amigo.

**2160.** En chica cama y en largo camino se conoce el buen amigo.

2161. Enero, frío o templado, pásalo arropado.

2162. En la boca del discreto, lo público es secreto.

2163. En la viña de mi vecino tengo yo un liño.

2164. ¿Enseñas sin saber? Como no sea el culo, no sé qué.

2165. Entre una gorra y un quinto no apareció la verdad.

2166. Errar por amar, se ha de disculpar.

2167. El amor, por los ojos se entra en el corazón.

2168. El beso abre la puerta, y para lo demás ya queda abierta.

2169. El bueno no ha menester aplauso ajeno.

2170. El caballo, al mozo hace loco, y al viejo, mozo.

2171. El dinero se ha hecho redondo para que ruede.

2172. El estiércol no es santo, mas do cae hace milagro.

2173. El marido es el último que se entera.

2174. El peor testigo, el que fue tu amigo.

2175. El, por vía de compadre, quiere hacerme la hija madre.

2176. El vino y el baile, por la tarde.

2177. En acabóse la plata, el amor se desbarata.

2178. En casa del ahorcado, no mientes la soga.

2179. En caso de duda, la mujer la viuda.

2180. En España hay dos Españas: una que cobra y otra que paga.

2181. En la casa del buen amo vive y muere el buen criado.

2182. En poco se tiene lo que presto se obtiene.

2183. En viendo belleza, todo hombre tropieza.

2184. El avaro, de su oro no es dueño, sino esclavo.

2185. El buen amigo, hasta que se pierde no es bien conocido.

2186. El perfecto holgazán, cómese su capa por no trabajar.

2187. El vino y la enemistad descubren la verdad.

2188. En estómago de pobre, todo cabe.

2189. Entre amigos estamos, pero mi capa no aparece.

2190. En habiendo más de tres, cada uno saque su tabaco y su papel.

2191. El avaro, por gastar poco, aunque todo lo tiene, carece de todo.

2192. El perro del hortelano, ni come las berzas ni las deja comer.

2193. En tierra ajena se pasa mal con menos vergüenza.

**2194.** El alfayate del Cantillo hacía la costura de balde y ponía el hilo.

**2195.** En manos está el pandero, de quien lo sabrá tañer.

**2196.** El lobo y la vulpeja todos son de una conseja.

**2197.** El corcovado no ve la su corcova sino el ajena.

**2198.** En casa del moro no hables algarabía.

**2199.** El deudor no se muera, que la deuda pagarse ha.

**2200.** En burlas ni en veras, con tu señor no partas peras.

**2201.** El lobo hace entre semana, porque el domingo no va a misa.

**2202.** El pan comido, la compañía deshecha.

**2203.** El sastre del Campillo, que cosía de balde y ponía el hilo.

**2204.** Entre padres y hermanos no metas tus manos.

**2205.** El conde de Cabra tiene una viña; él se la poda y él se la labra.

**2206.** El hijo de mi hija pónmelo en la rodilla; y el hijo de mi nuera, dale pan y vaya fuera.

**2207.** El corazón no miente a ninguno.

**2208.** En agosto, frío en el rostro.

**2209.** Ea, ea, que Burgos no es aldea.

**2210.** El comer y dormir, no quiere prisa.

**2211.** El hombre es el fuego, la mujer la estopa, viene el diablo y sopla.

**2212.** El melón y el queso, tómalo a peso.

**2213.** El que no duda, no sabe cosa alguna.

**2214.** En este mundo mezquino, cuando hay para pan no hay para vino.

**2215.** Ebro traidor, naces en Castilla y riegas a Aragón.

**2216.** El carnero encantado, que fue por lana y volvió trasquilado.

**2217.** El hombre mezquino, después que ha comido, ha frío.

**2218.** El mejor lance de los dados es no jugarlos.

**2219.** El que está en el lodo, querría meter a otro.

**2220.** En enero, ni galgo lebrero ni azor perdiguero.

**2221.** Echar coces al aguijón.

**2222.** El dar es honor; el pedir, dolor.

**2223.** El humo y la mujer y la gotera, echan al hombre de su casa fuera.

**2224.** El muerto a la fosada y el vivo a la hogaza.

**2225.** El que tiene tejados de vidrio, no tire piedras al de su vecino.

**2226.** El agua, como buey, y el vino, como rey.

**2227.** El herrero de Arganda, que él se lo suella y él se lo macha, y él se lo saca a vender a la plaza.

**2228.** El melón y la mujer, malos son de conocer.

**2229.** En abril, aguas mil; en mayo, tres o cuatro.

**2230.** El agua hace mal, y el vino hace cantar.

**2231.** El amor primero jamás se olvida; pepita le queda por toda la vida.

**2232.** El campo fértil, no descansando tórnase estéril.

**2233.** El cardo que ha de picar, luego nace con espinas.

**2234.** El casado descontento siempre vive con tormento.

**2235.** El casamiento y el melón, por ventura son.

**2236.** El caudal de la labranza, siempre rico de esperanza.

**2237.** El chocolate excelente para poderse beber, tres cosas ha menester: espeso, dulce y caliente.

**2238.** El cochino, mi consuelo; y la oveja, mi molleja; y la vaca, tripa seca; y la yegua, cascos quiebra; y la cabra, esporria y salta y pónese en la peña más alta; si yo te la cojo en llano, yo te la pondré de mi mano.

**2239.** El corazón no habla, mas adivina.

**2240.** En ruin ganado poco/no hay que escoger.

**2241.** El diablo cojo sabe más que el otro.

**2242.** El día que me casé, buena cadena me eché.

**2243.** El diente y el amigo, sufrirlo, con su dolor y vicio.

**2244.** El diablo cojuelo, que es más ligero.

**2245.** El día de San Lucas mata tus puercos y atapa tus cubas.

**2246.** El diablo está en Cantillana, urdiendo la tela y tramando/tejiendo la lana.

**2247.** El dinero del pobre, dos veces se gasta.

**2248.** El dinero en la bolsa, hasta que no se gasta, no se goza.

**2249.** El algo hace al hidalgo, que la sangre toda es bermeja.

**2250.** El buen saber es callar hasta ser tiempo de hablar.

**2251.** Estar a las duras y no a las maduras.

2252. El que en sí confía, yerra cada día.

2253. En agosto, uvas y mosto.

2254. En chica hora Dios obra y Dios mejora.

2255. En este mundo cansado, ni bien cumplido ni mal acabado.

2256. En hora buena vengas, mal, si venís solo.

2257. En lo llano tropieza el caballo.

2258. En tiempo mojado vende la lana y deja el hilado.

2259. Escupí al cielo y cayóme en la cara.

2260. Eso se hace, lo que a Dios place.

2261. Está el mundo para dar un estallido.

2262. El gato saca las uñas cuando las ha menester.

2263. El dinero hace bailar al perro.

2264. El buen cepón para marzo le compón. La vieja que bien lo entendía, para abril le componía.

2265. El conejo ido y el consejo venido.

2266. El que ley establece, guardarla debe.

2267. En año caro: harnero espeso y cedazo claro.

2268. En diciembre, leña y duerme.

2269. En febrero, un día/rato malo y otro bueno.

2270. En hora chiquita, sol y sombrita.

2271. En lo que no se pierde nada, siempre algo se gana.

2272. Entiende primero y habla postrero.

2273. Es dichoso el que puede y no el que quiere.

2274. Eso ya está mandado recoger.

2275. Está en medio del río, y muérese de sed el mezquino.

2276. El dinero hace lo malo bueno.

2277. El buen huésped con poco se contenta; al ruin poco le basta.

2278. El dar y el tener, seso ha menester.

2279. El dormir no quiere prisa ni la prisa quiere dormir.

2280. El que mal vive, poco vive.

2281. En cada legua hay un pedazo de mal camino.

2282. En diciembre, siete galgos a una liebre, y ella base por do quiere.

2283. En febrero, un rato al sol y otro al humero.

2284. El enjambre de abril, para mí; el de mayo, para mi

hermano; el de junio, para ninguno.

2285. En los espinos de Santa Lucía.

2286. En todas las artes hay engaños, sino en el que venle estopa por cerro, y el vinagre por vino, y el gato por liebre.

2287. Ese cómo yo me lo como, y ese cuándo yo me lo callo.

2288. Entra en casa, Juan García. —Deja el palo, mujer mía.

2289. Ese tiene ventura, que la procura.

2290. Eso y nada, todo es nada/uno.

2291. Está la luna sobre el horno.

2292. El dinero todo lo puede y vence.

2293. El esforzado acometer, hace muchas veces al hombre vencer.

2294. El que más come, menos come.

2295. En cada villa su maravilla.

2296. Enderézame esas medidas, que están torcidas.

2297. En febrero, veinte pies salta la liebre en el sendero; pero si al galgo le dan pan duro, salta veintiuno.

2298. En la banca del bueno caben muchos.

2299. En martes, ni tu casa mudes, ni tu hija cases, ni tu ropa tajes.

2300. Entra mayo y sale abril; ¡cuán floridito le vi venir!

2301. Es llevar agua a la mar, dar adonde hay mucho más.

2302. Espántase de su propia sombra.

2303. Es tan bueno, que de bueno se pierde.

2304. El dinero y el amor y el cuidado, no puede estar disimulado.

2305. El hacer bien nunca se pierde.

2306. El que no sabe de bien, no sabe de mal; y el que no sabe de mal, no sabe de bien.

2307. En casa del bueno, el ruin cabe el fuego.

2308. En el buen paño cae la mancha.

2309. En gran peligro, mejor es el hermano que el amigo.

2310. En la boda, quien menos come es la novia.

2311. En mayo, el mozo se venga del amo; y en agosto, el amo se venga del mozo.

2312. Entra, que ofrecen.

**2313.** Es mala señal cuando no se siente el mal.

**2314.** Es pedir peras al olmo, que no las suele llevar.

**2315.** Esta novia se lleva la flor, que las otras no.

**2316.** El que engaña, engañado se halla.

**2317.** El ser señor no es saber; mas eslo el saberlo ser.

**2318.** En cuantos linajes son, hay al menos un ladrón; que de haber un pobre o puta, nadie lo duda.

**2319.** Enero y febrero hinchen el granero con su hielo y aguacero.

**2320.** En febrero saca buey de tu centeno; el que no le sacó, comido le halló.

**2321.** En la vida, la mujer tres salidas ha de hacer: al bautismo, al casamiento, y a la sepultura o monumento.

**2322.** Ensoñaba Gil, el ciego, que veía, y ensoñaba lo que quería.

**2323.** En tres pagas: tarde, mal y nunca.

**2324.** Es necedad estropear y volver a mirar, y la piedra no alzar y quitar.

**2325.** El infierno está lleno de buenos propósitos, y de buenas obras el cielo.

**2326.** Esperar, y no alcanzar ni venir; estar en la cama, no reposar ni dormir; servir, y no medrar ni subir: son tres males para morir.

**2327.** Estudiante pascuero, tarde será bueno.

**2328.** El que comió la carne, roa los huesos.

**2329.** El rey que rabió, y llevaba la manta arrastrando.

**2330.** En cuanto fui nuera, nunca tuve buena suegra; y en cuanto fui suegra, nunca tuve buena nuera.

**2331.** Enero, cuando se hiela la vieja en el lecho y el agua en el puchero.

**2332.** En hablar y hacer fuego se parece el que es discreto.

**2333.** En la tardanza está el peligro.

**2334.** En río manso no metas tu mano.

**2335.** Entre hermano y hermano, dos testigos y un escribano.

**2336.** Esperanza me consuela, que no muera.

**2337.** Estos mis cabellitos, madre, dos a dos me los lleva el aire.

**2338.** El mandar no quiere par.

**2339.** El que no sabe, tanto es como el que no ve.

**2340.** En casa del pobre/do no hay dinero todos riñen y todos tienen razón.

**2341.** En el mejor vino hay heces.

**2342.** En gustos no hay disputa.

**2343.** En la casa do no hay qué comer, todos lloran y no saben de qué/están tristes.

**2344.** En mentando/nombrando al ruin de Roma, luego asoma.

**2345.** Entre amigos, quien más pone más pierde.

**2346.** Estella, la bella; Pamplona, la bona; Olite y Tafalla, la flor de Navarra.

**2347.** El que come las duras, coma las maduras.

**2348.** El que puede y no quiere, cuando él querrá no podrá.

**2349.** En cuanto digo y hago, pierdo un bocado.

**2350.** En enero, el gato en celo; febrero, merdero; marzo, sol como mazo; en abril, aguas mil; en mayo, toro y caballo; en junio, hoz en puño; en julio, calentura y aúllo; en agosto, frío en rostro; en septiembre, el rozo y la urdimbre; en octubre, uñe los bueyes y cubre; en noviembre y diciembre, coma quien tuviere, y quien no tuviere, siembre.

**2351.** En largo camino y chico mesón, conoce el hombre a su compañón.

**2352.** En pan cortar y vino echar, bien veo quién me quiere bien, y quién me quiere mal.

**2353.** Entre dos muelas molares nunca metas tus pulgares/cordales.

**2354.** Esto es lo que habíamos menester.

**2355.** El gozo comunicado, crece.

**2356.** El mejor amigo es la bolsa y el bolsillo.

**2354.** El que no tiene casa de suyo, vecino es de todo el mundo.

**2355.** En casa del tuhur poco dura la alegría.

**2356.** En el mes de abril harás quesos mil; en el mes de mayo, tres o cuatro.

**2357.** En la casa llena, presto se guisa la cena; y en la vacía, más aína.

**2358.** Enmiendo, porque soy de carne y hueso.

**2359.** Entre bobos anda el juego, y eran todos fulleros.

**2360.** El mentir y compadrar, ambos andan a la par.

**2361.** El que no tiene mujer, bien la castiga; y el que no tiene hijos, bien los cría.

**2362.** En caza y en amores, entras cuando quieres y sales cuando puedes.

**2363.** En el río que no hay peces, por demás es echar redes.

**2364.** En mi casa mora quien ríe y llora.

**2365.** El pequeño mal espanta y el grande amansa.

**2366.** El que paga lo que debe, lo que le queda es suyo, y eso tiene.

**2367.** Encogerse como gallinas en corral ajeno.

**2368.** Enemigos grandes: vergüenza y hambre.

**2369.** El que a cuarenta no atina y a cincuenta no adivina, a sesenta/setenta desatina.

**2370.** El que pone al juego sus dineros, no ha de hacer cuenta de ellos.

**2371.** En consejas, las paredes han orejas.

**2372.** El que adelante no cata, atrás se halla.

**2373.** El que puede esperar, todo lo viene a alcanzar.

**2374.** En contienda, ponte rienda.

**2375.** El que a larga vida llegó, mucho mal vio.

**2376.** Encontrado a Sancho con su rocín.

**2377.** El que algo debe, no reposa como quiere.

**2378.** Encontró con horma de su zapato.

**2379.** El camino del infierno está lleno de buenas intenciones.

**2380.** El lunes a la Parla, el martes a Paliza, el miércoles a Puñoenrostro, el jueves a Cocea, el viernes a La Greña, el sábado Cierne y masa, el domingo Descansa.

**2381.** El melón, por el pezón.

**2382.** El mentiroso ha de ser memorioso.

**2383.** El mejor maestro es el tiempo, y la mejor maestra, la experiencia.

**2384.** El melón y el casamiento, acertamiento.

**2385.** El pan caliente, mucho en la mano y poco en el vientre.

**2386.** El pobre y el cardenal, todos van por un igual.

**2387.** El reinador no quiere par.

**2388.** El ruin, mientras más le ruegan, más se extiende.

**2389.** El tiempo todo lo cura, y todo lo muda.

**2390.** El varón, varón se sea, la mujer estése queda.

**2391.** El viejo miente en su tierra y el mozo en la ajena.

**2392.** El viento que corre muda la veleta, mas no la torre.

**2393.** El vulgo no perdona las tachas a ninguno.

**2394.** El pan, con ojos; el queso, sin ojos; y el vino, que salte a los ojos.

**2395.** El viento de Mari-Sarmiento, que fue a cagar y llevóla el viento.

**2396.** El vino por el color, y el pan por el olor, y todo por el sabor.

**2397.** El horno por la boca se calienta.

**2398.** El lobo viejo a la tarde aúlla.

# REFRANES QUE EMPIEZAN POR F

**2399.** Flor sin olor, le falta lo mejor.
**2400.** Favor con favor se paga.
**2401.** Fingir locura, algunas veces es cordura.
**2402.** Fácil es recetar, difícil es curar.
**2403.** Febrero, siete capas y un sombrero.
**2404.** Fuiste con el abogado y ya saliste escaldado.
**2405.** Fiesta sin vino no vale un comino.
**2406.** Firmar sin leer, solo un necio lo puede hacer.
**2407.** Fruta prohibida, más apetecida.
**2408.** Fíngete en gran peligro y sabrás si tienes amigos.
**2409.** Fianza y tutela, véalas yo en casa ajena.
**2410.** Fui a casa de mi vecina, y afrentéme; volví a mi casa, y remediéme.
**2411.** Fatigar y no ganar nada.
**2412.** Fraile que pide por Dios, pide para dos.
**2413.** Fuime a palacio, fui bestia y vine asno.
**2414.** Fingir ruido por venir a partido.
**2415.** Favores harás, y te arrepentirás.
**2416.** Febrerillo el loco, un día peor que otro.
**2417.** Frío y amor no guarda donde entra.
**2418.** Frío de Dios que aún tiempo vendrá, que cuál es el buen amigo por las obras parecerá.
**2419.** Fraile, a tu rezar; doncella, a tu hilar.
**2420.** Fuego hace cocina, que no moza erguida.
**2421.** Fruta de locos, míranla muchos y gózanla pocos.
**2422.** Fraile convidado, echa el paso largo.
**2423.** Fue la negra al baño, y tuvo que contar un año.
**2424.** Freno dorado no mejora caballo.
**2425.** Fuese mi madre, ruin sea yo más hilare.
**2426.** Fácil es empezar, y difícil perseverar.
**2427.** Frailes, aun de los buenos, los menos.
**2428.** Fea con gracia, mejor que guapa.
**2429.** Fortuna va sobre una rueda que nunca está queda.
**2430.** Favorecer a quien no lo ha de estimar es echar agua en la

mar.

**2431.** Fraile que su regla guarda, toma de todos y no da nada.

**2432.** Fiar, sobre buena prenda, para no tener contienda.

**2433.** Flaco hombre mucho come.

**2434.** Fíate de la Virgen y no corras.

**2435.** Fía de Dios, sobre buena prenda.

**2436.** Fraile que fue soldado, sale más acertado.

**2437.** Fui, que no debiera.

# REFRANES QUE EMPIEZAN POR G

**2438.** Genio y figura hasta la sepultura.

**2439.** Gallo que no canta, algo tiene en la garganta.

**2440.** Gusta lo ajeno, más por ajeno que por bueno.

**2441.** Gente no bienvenida, cuanto más lejos más querida.

**2442.** Guarda y no prestes, porfía y no apuestes.

**2443.** Gato con guantes no caza ratones.

**2445.** Gástate en juerga y vino lo que has de dar a los sobrinos.

**2446.** Galgo que va tras dos liebres, sin ninguna vuelve.

**2447.** Gozarse en mal ajeno, no es de hombre bueno.

**2448.** Guárdate de hombre que no habla y de can que no ladra.

**2449.** Guerra, peste y carestía andan siempre en compañía.

**2450.** Ganar amigos es dar dinero a logro y sembrar en regadío.

**2451.** Galana es mi comadre, si no tuviera aquel Dios os salve.

**2452.** Guardaos del dicho, y escaparéis del hecho.

**2453.** Gran tocado y chico recado.

**2454.** Gloria vana, florece y no grana.

**2455.** Gota a gota, la mar se apoca.

**2456.** Grulla trasera pasa a la delantera.

**2457.** Guayas tiene quien no puede.

**2458.** Guárdate del mozo cuando le nace el bozo.

**2459.** Gran parte de la salud es desearla.

**2460.** Goza de tu poco, mientras busca más el loco.

**2461.** Grano a grano, hinche la gallina el papo.

**2462.** Gente pobre no necesita criados.

**2463.** Gallina en casa rica, siempre pica.

**2464.** Gato escaldado, del agua fría huye/ha miedo.

**2465.** Gallina gorda y con poco dinero, no puede ser compañero.

**2466.** Gallito de muladar, a todos quiere picar.

**2467.** Gallina vieja hace buen caldo.

**2468.** Gallo que no canta, gallina se vuelve.

**2469.** Guárdate del hombre que tiene rincones.

**2470.** Goza con alegría tu poco; que menos que tú tienen otros.

**2471.** Gana al que te quiere mal, y tendrás un amigo más.

**2472.** Gente refranera, gente embustera.

**2473.** Guárdate del enemigo que llevas en ti y contigo.

**2474.** Gasta de lo que ganaste, y reserva para tus hijos lo que heredaste.

**2475.** Gente de sotana, logra lo que le da la gana.

**2476.** Gran parte es de la salud conocer la enfermedad.

**2477.** Gato, rey y mujer no saben agradecer.

**2478.** Gran hidalguía, y la despensa vacía.

**2479.** Galgo que muchas liebres levanta, ninguna mata.

**2480.** Guerra y caza y amores: por un placer, mil dolores.

**2481.** Gentil sazón de requiebro, cuando la viuda sale de su entierro.

**2482.** Gracias a manos mías, que voluntad de Dios visto habías.

**2483.** Guarda mozo, y hallarás viejo.

**2484.** Gran trabajo es trabajar cuando la ganancia es poca, y más si no hay qué llevar de las manos a la boca.

# REFRANES QUE EMPIEZAN POR H

**2485.** Hijo de gran ladrón, gran señorón.

**2486.** Hombre de muchos oficios, pobre seguro.

**2487.** Haz el bien y no mires a quien/no cates a quien.

**2488.** Hombre lisonjero, falso y embustero.

**2489.** Hablando se entiende la gente.

**2490.** Hoy por ti, y mañana por mí.

**2491.** Hasta el cuarenta de mayo no te quites el sayo; y si junio es ruin, hasta el fin.

**2492.** Hombre precavido/prevenido, vale por dos.

**2493.** Hechos son amores y no buenas razones.

**2494.** Huerto y molino, lo que producen no lo digas a tu vecino.

**2495.** Hijo casado, vecino airado.

**2496.** Hay que trabajar para vivir, no vivir para trabajar.

**2497.** Hay más refranes que panes.

**2498.** Hombre que vive de amor y vino, que no se queje de su destino.

**2499.** Hablando del rey de Roma, por la puerta asoma.

**2500.** Hace más el que quiere, que el que puede.

**2501.** Hasta que a la meta no llegues, no te pongas los laureles.

**2502.** Hay que cortar por lo sano.

**2503.** Hay que predicar con el ejemplo.

**2504.** Hecha la ley, hecha la trampa.

**2505.** Habla siempre que debas, y calla siempre que puedas.

**2506.** Hasta morir todo es vida.

**2507.** Haz ruido y sacarás partido.

**2508.** Hombre mendigo, nunca buen testigo.

**2509.** Hacedme alcalde hogaño, y yo os haré a vos otro año.

**2510.** Haz lo que tu amo te manda y sentaráste con él a la mesa.

**2511.** Humo y mala cara sacan a la gente de casa.

**2512.** Hazme la barba, y hacerte he el copete.

**2513.** Habló el buey y dijo mu.

**2514.** Huir de las cenizas y caer en las brasas.

**2515.** Huélame a mí la bolsa, y hiédate a ti la boca.

**2516.** Haz buena harina y no toques bocina.

**2517.** Harto da quien da lo que tiene.

**2518.** Hombre que no mienta, ¿quién lo encuentra?

**2519.** Hoy es día de «echad aquí, tía».

**2520.** Hasta el fin nadie es dichoso.

**2521.** Hasta los gatos quieren zapatos.

**2522.** Hagamos esta cama: hágase, haga, y nadie comenzaba.

**2523.** Hay gustos que merecen palos.

**2524.** Haz tú lo que bien digo, y no/deja lo que mal hago.

**2525.** Hablar a muchos pesó, y haber callado a ninguno.

**2526.** Hacer un hoyo para tapar otro.

**2527.** Hazte cordero y te comerán los lobos.

**2528.** Holgad, gallinas, que el gallo está en vendimias.

**2529.** Honores cambian costumbres.

**2530.** Hacer bien, nunca se pierde.

**2531.** Harto sabe quien a tiempo sabe callar.

**2532.** Hierba/cosa mala nunca muere.

**2533.** Hijo fuiste, padre serás: cual hiciste, tal habrás.

**2534.** Humedades de abril, malas son de salir.

**2535.** Haceos de miel, y os comerán las moscas.

**2536.** Hacienda, tu dueño te vea.

**2537.** Hiel y miel es menester.

**2538.** Hijo sin dolor, madre sin amor.

**2539.** Hombre que presta, sus barbas mesa.

**2540.** Habla poco, escucha más/asaz, y no errarás.

**2541.** Haz bien, y guárdate.

**2542.** Hidalgo honrado, antes roto que remendado.

**2543.** Hombre mundano, la rueca en el seno y la espada en la mano.

**2544.** Hoy figura, mañana sepultura.

**2545.** Haces mal, espera otro tal.

**2546.** Hijo ajeno, brasa en el seno.

**2547.** Holgar hoy, mañana fiesta, buena vida es esta.

**2548.** Huéspedes vinieron y señores se hicieron.

**2549.** Hambre que espera hartura, no es hambre pura/se puede llamar hambre.

**2550.** Hijo de viuda, o mal criado o mal acostumbrado.

**2551.** Hombre enfermo, medio muerto.

**2552.** Huésped viejo, enojo nuevo.

**2553.** Huyendo del perejil, le nació en la frente. Hui del perejil y nacióme en la frente.

**2554.** Hacer de tripas corazón.

**2555.** Hace/está oscuro y huele a queso.

**2556.** Hay más días que longanizas.

**2557.** Habla con todos honesto, sin tocar en lo del sexto.

**2558.** Hacienda arrendada, presto acabada.

**2559.** Haga el hombre lo que debe, y venga lo que viniere.

**2560.** Hay quien parece por necesidad; pero el rico avaro por voluntad.

**2561.** Haz placer a quien te lo suele hacer.

**2562.** Hombre agraviado, nunca desmemoriado.

**2563.** Hombre entrado en días, las pasiones frías.

**2564.** Hombre preguntón, hombre de mala educación.

**2565.** Honra mundana es honra vana.

**2566.** Hoyuelos a los veinte, arrugas a los cuarenta.

**2567.** Huye de jurar, aunque digas la verdad.

**2568.** Habla el ladrón con el de su condición.

**2569.** Hace mal quien no hace bien.

**2570.** Hambre furiosa no respeta ninguna cosa.

**2571.** Hay hombres que no beben, porque ser indiscretos temen.

**2572.** Haz mucho y habla poco; que lo contrario hace el loco.

**2573.** Hijo de mi hija, mi nieto ser; hijo de mi hijo, no saber.

**2574.** Hombre chico, venenico.

**2575.** Hombre de seso, hombre de peso.

**2576.** Hombre palabrero, hombre embustero.

**2577.** Hombre vinoso, poco lujurioso.

**2578.** Huerta sin cerco, no tiene dueño.

**2579.** Huir del relámpago, y dar en el rayo.

**2580.** Habla poco y habla grave, y parecerá que sabes.

**2581.** Hácenle alcalde, y llora.

**2582.** Haga yo lo que quisiere, y diga quien dijere.

**2583.** Haz bien a los más chicos; que ninguno hay pequeño amigo.

**2584.** Hecho de villano, tirar la piedra y esconder la mano.

**2585.** Hombre cobarde, se casa mal y tarde.

**2586.** Hombre de buen trato, a todos es grato.

**2587.** Hombre narigudo, ingenio agudo.

**2588.** Hombre velloso, rico o lujurioso.

**2589.** Huéspedes vendrán, y de nuestra casa nos echarán.

**2590.** Huye la multitud y tendrás quietud/si quieres tener quietud.

**2591.** Habla quien tiene boca; y quien tiene culo, sopla.

**2592.** Hacienda de señores, cómenla sus administradores.

**2593.** Haciendo y deshaciendo, se va aprendiendo.

**2594.** Haz bien, y recibirás mal.

**2595.** Haz rico a un asno, y pasará por sabio.

**2596.** Hombre ambicioso, hombre temeroso.

**2597.** Hombre de buena ley, tiene palabra de rey.

**2598.** Hombre muy grandón, poco varón.

**2599.** Hombre sin vicio ninguno, escondido tendrá alguno.

**2600.** Honra sola, no pone olla.

**2601.** Hablar de lo que no se sabe, es imprudencia grave.

**2602.** Hace mal quien lo secundario hace principal.

**2603.** Harto ayuna quien mal come.

**2604.** Hay caras que de balde son caras.

**2605.** Hecho el hecho, huelga el consejo.

**2606.** Hombre bondadoso, nunca envidioso.

**2607.** Hombre chico, vano y presumido.

**2608.** Hombre encogido, siempre desvalido.

**2609.** Hombre mañoso sirve para todo.

**2610.** Hombre que no ama, no vale nada.

**2611.** Hoy no se fía aquí; mañana sí.

**2612.** Hasta San Juan, no te quites el gabán.

**2613.** Haz buen barbecho y échale basura, y cágate en los libros de agricultura.

**2614.** Hazte desear si quieres hacerte amar.

**2615.** Hízose viejo el diablo y se metió a ermitaño.

**2616.** Hombre de oficios muchos, no gana el pan con ninguno.

**2617.** Hombre lampiño y mujer barbona malas personas.

**2618.** Hombre valiente no muere de viejo.

**2619.** Huid de la moza que tiene amo.

**2620.** Hay algún hombre tan animal, que el bien le hace mal.

**2621.** Heredad buena es, una hija para la vejez.

**2622.** Hijos chicos, chicos dolorcillos; hijos mayores, grandes dolores.

**2623.** Hombre gordiflón, hombre bonachón.

**2624.** Hombre o mujer, cada cual se juzga mejor de lo que es.

**2625.** Hombre velludo, afortunado o cornudo.

**2626.** Huerto, mujer y molino quieren uso de continuo.

**2627.** Hermosura y sal no caben en un costal.

**2628.** Hombre cocinilla, medio hombre, medio mariquilla.

**2629.** Hombre es de buen tino, el que bebe aguado el vino.

**2630.** Hombre pequeño, pocas veces risueño.

**2631.** Hombre refranero, medido y certero.

**2632.** Huéspeda hermosa, mal para la bolsa.

**2633.** Héroes si vencedores, y si vencidos, traidores.

**2634.** Hombre gordo, casi siempre come poco.

**2635.** Honra perdida y agua vertida, nunca recobrada y nunca cogida.

**2636.** Hombre muy rezador, mal pagador.

**2637.** Honra al bueno porque te honre, y al malo porque no te deshonre.

**2638.** Hacedles las cuentas sin la huéspeda.

**2639.** Haré, haré: más vale una toma que dos te daré.

**2640.** Haced fiestas al gato, y saltaros ha a la cara.

**2641.** Hoy por ti, mañana por mí.

**2642.** Huevo quiere sal y fuego.

**2643.** Hierba mala presto nace/crece.

**2644.** Habla poco y bien: tenerte han por alguien.

**2645.** Harto era Castilla de chico rincón, cuando Amaya era cabeza y Fitero el mojón.

**2646.** Habló el asno y dijo: ¡ho, ho!

**2647.** Hadas blancas me hicieron negra, que yo blanca me era.

**2648.** Hablar bien no cuesta nada.

**2649.** Hasta el cuarenta de mayo no te quites el sayo.

**2650.** Hacer oídos de mercader.

**2651.** Habe de tuyo y haz por haber; que tarde, que cedo, a lo tuyo te has de volver.

**2652.** Hablar de la guerra y estar fuera de ella.

**2653.** Hágase el milagro, y hágale Dios o el diablo.

**2654.** Huevo sin sal no hace bien ni mal.

**2655.** Habéis sudado, y nada al cabo.

**2656.** Hablar de la mar y en ella no entrar.

**2657.** Hambre, frío y cochino, hacen grande ruido.

**2658.** Huevos solos, mil manjares y para todos.

**2659.** Habemos de saber/ver quién es Calleja.

**2660.** Hable la boca y estén quedas las manos.

**2661.** Hambre, sed y frío, meten al hombre por casa de su enemigo.

**2662.** Huir de un peligro, y dar en otro.

**2663.** Había/merecía de estar escrito con letras de oro.

**2664.** Hablen cartas y callen barbas.

**2665.** Hartas riquezas tiene el que más no quiere.

**2666.** Hurtar y dar por Dios.

**2667.** Habíamoslo por santo, mas no por tanto.

**2668.** Hace/estar oscuro como boca de lobo.

**2669.** Harto hay, sino que está mal repartido.

**2670.** Hablando de las tejas abajo.

**2671.** Hayamos/tengamos la fiesta en paz.

**2672.** Hablando se saben las cosas.

**2673.** Hombre porfiado, necio consumado.

**2674.** Hablar como todos y sentir como los pocos.

**2675.** Huerto sin agua, casa sin tejado, mujer sin amor, y el marido descuidado, todo es malo.

**2676.** Hablar de la caza y comprar en la plaza.

# REFRANES QUE EMPIEZAN POR I

**2677.** Ignorante y burro, todo es uno.

**2678.** Ir a matar lobos no es para bobos.

**2679.** Ir contracorriente, casi nunca es conveniente.

**2680.** Ir por lana y volver trasquilado.

**2681.** Ira de hermanos, ira del diablo.

**2682.** Ir a la guerra, navegar y casar, no se ha de aconsejar.

**2683.** Iránse los huéspedes y comeremos el gallo.

**2684.** Ira de enamorados, amores doblados.

**2685.** Ida y venida por casa de mi tía.

**2686.** Ir a vendimiar y llevar uvas de postre.

**2687.** Iráse lo amado, y quedará lo descolorado.

**2688.** Idus y calendas, todo se pasa en ofrendas.

**2689.** Inútil es reprender a quien caso no ha de hacer.

**2690.** Ir de mal en peor, no hay cosa peor.

**2691.** Ir de bien en mejor, no hay cosa mejor.

**2692.** Id por medio y no caeréis.

**2693.** Ignorancia es, todo a tropel, aseverar o temer.

# REFRANES QUE EMPIEZAN POR J

2694. Jugar por necesidad es perder por obligación.

2695. Jugar y nunca perder, no puede ser.

2696. Jorobas y manías no las curan médicos.

2697. Joven de noventa no puede lo que intenta.

2698. Jamás en el mismo plato comen el ratón y el gato.

2699. Juego y bebida, casa perdida.

2700. Jamás olvidó el que bien amó.

2701. Jugar con fuego es peligroso juego.

2702. Justicia es agravio cuando no la aplica el sabio.

2703. Juego que tiene revancha, no hay que tenerle miedo.

2704. Jodido trato es comprar a cinco y vender a cuatro.

2705. Júntate a los/con buenos, y serás uno de ellos.

2706. Juez que dudando condena, merece pena.

2707. Juga jugando dice el hombre gran mancilla.

2708. Juan Palomo: yo me lo guiso y yo me lo como.

2709. Jarra nueva hace el agua fresca.

2710. Jura mala, en piedra caiga.

2711. Jarabe de pico a muchos hizo ricos.

2712. Jaula nueva, pájaro muerto.

2713. Juzgué de ligero y arrepentime presto.

2714. Justicia es lo que en sala de cinco quieren tres.

2715. Juzga al hombre por sus acciones y no por sus doblones.

2716. Justicia, mas no por mi/nuestra casa.

2717. Jornal de obrero, entra por la puerta y sale por el humero.

2718. Juez sobornado, debe ser castigado con soga y palo.

2719. Juras del que ama mujer, no se han de creer.

2720. Jornada de mar, no se puede tasar.

2721. Junio, julio y agosto, ni dama ni mosto.

2722. Jurado de aldea, quien quiera lo sea.

2723. Judíos son, déjalos, que ellos se avendrán.

2724. Juegos, pendencias y amores, igualan a los hombres.

2725. Juntóse el hambre con la gana de comer.

2726. Juntando los bienes con los males, resultan todos los años iguales.

**2727.** Juzga bien, juez honrado: cata que has de ser juzgado.

**2728.** Judíos y gitanos no son para trabajo.

**2729.** Juramentos de mujer no se han de creer.

**2730.** Juicio precipitado, casi siempre errado.

**2731.** Juez limpio de manos no acepta regalos.

**2732.** Juramentos de amor y humo de chimenea, el viento se los lleva.

**2733.** Juez sospechoso es cada uno en su pleito propio.

**2734.** Joyas falsas, a muchos tontos engañan.

**2735.** Juez que admite regalo, ¡malo, malo!

**2736.** Juanica la pelotera, casarás y amansarás y andarás queda.

**2737.** Judíos en pascuas, moros en bodas y cristianos en pleitos, gastan sus dineros.

**2738.** Junio, julio y agosto, y puerto de Cartagena.

# REFRANES QUE EMPIEZAN POR L/LL

**2739.** La suposición es la madre de los metepatas.

**2740.** La avaricia/codicia rompe el saco.

**2741.** La carne de burro no es transparente, pero los ojos de cerdo lo traspasan todo.

**2742.** La miel no está hecha para la boca del cerdo/asno.

**2743.** Los que duermen en un mismo colchón, son/se vuelven de la misma condición.

**2744.** Lo cortés no quita lo valiente.

**2745.** La ignorancia es la madre del atrevimiento/atrevida.

**2746.** La verdad os hará libres.

**2747.** La vida no se mide por las veces que respiras, sino por los momentos que te dejan sin aliento.

**2748.** La ausencia es al amor lo que al fuego el aire: que apaga el pequeño y aviva el grande.

**2749.** Lejos de los ojos, lejos del corazón.

**2750.** Larga ausencia causa olvido.

**2751.** La comida, a reposar; y la cena a pasear.

**2752.** La compañía en la miseria hace a ésta más llevadera.

**2753.** La cabra siempre tira al monte.

**2754.** Las prisas nunca son buenas.

**2755.** La ira es locura, el tiempo que dura.

**2756.** La mejor felicidad es la conformidad.

**2757.** Las opiniones son como el ojo del culo, cada uno tiene la suya.

**2758.** La necesidad hace maestros.

**2759.** Lo pasado, pasado está; y lo mal hecho, perdonado.

**2760.** La perdiz por el pico se pierde.

**2761.** La primavera la sangre altera.

**2762.** Lo que se mama de niño dura toda la vida.

**2763.** La prudencia/experiencia es la madre de la ciencia.

**2764.** La salud es la mayor riqueza.

**2765.** La verdad a medias es mentira verdadera.

**2766.** Ladrón que roba a otro ladrón tiene cien años de perdón.

**2767.** Lo que es moda no incomoda.

2768. Las cuentas claras hacen los buenos amigos.

2769. Los niños, los borrachos y los locos dicen siempre la verdad.

2770. La unión hace la fuerza.

2771. Lo que pienses en comprar, no lo has de alabar.

2772. Las mentiras tienen las patas cortas.

2773. Las palabras se las lleva el viento.

2774. Los trapos sucios se lavan en casa.

2775. Lo que se pierde en una casa se gana en otra.

2776. Los árboles no te dejan ver el bosque.

2777. Las desgracias nunca vienen solas.

2778. Lo que no mata, engorda.

2779. Las cosas de palacio van despacio.

2780. La dicha de la fea, la hermosa la desea.

2781. La paciencia es la madre de todas las ciencias.

2782. La pereza es la madre de la pobreza.

2783. La letra con sangre entra, y la labor con dolor.

2784. Las apariencias engañan.

2785. Lección bien aprendida, tarde o nunca se olvida.

2786. Lo bueno si breve, dos veces bueno.

2787. La vida da muchas vueltas.

2788. La palabra honesta, mucho vale y poco cuesta.

2789. Lo prometido es deuda.

2790. Las cosas, claras; y el chocolate, espeso.

2791. La bodega huele al vino que tiene.

2792. La cama y la cárcel son prueba de amigos.

2793. Los unos por los otros, la casa sin barrer.

2794. La cruz en los pechos y el diablo en los hechos.

2795. Líbreos Dios de «hecho es».

2796. Los duelos con pan, son menos.

2797. La caridad bien entendida/ordenada, empieza por uno mismo.

2798. Lo olvidado, ni agradecido, ni pagado.

2799. La gallina de mi vecina más huevos pone que la mía.

2800. La cabeza, blanca, y el seso, por venir.

2801. Lo que no se empieza, no se acaba.

2802. La mala llaga sana, la mala fama mata.

**2803.** La mentira no tiene pies.

**2804.** Libertad y soltura no es por oro comprado.

**2805.** La cosa que es menos hallada, es más preciada.

**2806.** La gotera cava la piedra.

**2807.** Las cañas se vuelven lanzas.

**2808.** La procesión va por dentro.

**2809.** La cuerda se rompe siempre por lo más flojo.

**2810.** Los muertos abren los ojos de los que viven/a los vivos.

**2811.** La mujer que a dos dice que quiere, a entrambos engaña.

**2812.** La obra es la que alaba al maestro.

**2813.** La bolsa sin dinero, dígola cuero.

**2814.** La necesidad hace a la vieja trotar.

**2815.** La misa, dígala el cura.

**2816.** La mano cuerda no hace todo lo que dice la lengua.

**2817.** La bolsa y la puerta, a los amigos abierta.

**2818.** La cabra de mi vecina, más leche da que la mía.

**2819.** La gala del nadador es saber guardar la ropa.

**2820.** La mayor jornada es hasta salir de casa.

**2821.** La mesa vale por escuela.

**2822.** La murmuración se pasa, y la hacienda se queda en casa.

**2823.** La necesidad carece de ley.

**2824.** La reina de las abejas no tiene aguijón.

**2825.** La viña y el potro, críelos/hágalo otro.

**2826.** Las palabras buenas son, si así fuese la intención/el corazón.

**2827.** Llagas hay que no se curan, y toda la vida duran.

**2828.** Lo mismo es a cuestas que al hombro.

**2829.** Lo que uno desecha, otro lo ruega.

**2830.** Los dineros del sacristán, cantando se vienen, cantando se van.

**2831.** La bondad, quien la tiene la da.

**2832.** La escasez levanta el precio.

**2833.** La gente de buen vivir, al anochecer, a dormir.

**2834.** La lengua del mal amigo, más corta que el cuchillo.

**2835.** La mucha confianza es causa de menosprecio.

**2836.** La mujer y el vino sacan al hombre de tino.

**2837.** La peña es dura, pero más recia es la cuña.

2838. La vejez no viene sola.

2839. Lágrimas ablandas peñas.

2840. Las malas tijeras hicieron a mi padre tuerto.

2841. Libro cerrado, no saca letrado.

2842. Lo que con unos se pierde, con otros se gana.

2843. Lo que todos dicen, algo debe ser.

2844. Lobo hambriento, no tiene asiento.

2845. La boca y la bolsa abierta, para hacer casa cierta.

2846. La ciencia quiere prudencia y experiencia.

2847. La danza sale de la panza.

2848. La mala cama hace la noche larga.

2849. La mujer aguda, con el marido se escuda.

2850. La nave y la mujer, de lejos parecen bien.

2851. La ociosidad es madre de todos los vicios.

2852. La vela del campanario a todos vientos se mueve.

2853. Las abejas hacen la miel, y las moscas se la comen.

2854. Las obras hacen linaje.

2855. Lo bien hecho, bien parece.

2856. Lo mejor de los dados es no jugarlos.

2857. Lo que la loba hace, al lobo le place.

2858. Los que no gozan de suegra, no gozan de cosa buena.

2859. La buena hija trae buen hijo.

2860. La cama guarda la fama.

2861. La coz de la yegua no hace mal al potro.

2862. La mala paga, aunque sea en paja.

2863. La mierda, cuanto/mientras más la hurgan/se menea, más huele/apesta/hiede.

2864. La mujer, rogada; y la olla, reposada.

2865. La ocasión hace al ladrón.

2866. La razón no quiere fuerza.

2867. La viuda llora y otros cantan en la boda.

2868. Las manos en la rueca, y los ojos en la puerta.

2869. Limpia tu moco y no harás poco.

2870. Lo mejor es enemigo de lo bueno.

2871. Lo que te compón, busca/besa y pon.

2872. Los niños, de pequeños; que no hay castigo después para ellos.

2873. La cama, caliente, y la escudilla, reciente.
2874. La experiencia es madre de la ciencia.
2875. La leña, cuanto más seca, más arde.
2876. La mujer del viejo, relumbra como espejo.
2877. La nariz y la boca, hasta la muerte se adoba.
2878. La oveja que ha de ser del lobo, es fuerza que lo sea.
2879. La soledad y la pobreza están mal juntas.
2880. Labrar y hacer albardas, todo es dar puntadas.
2881. Las obras, con las sobras.
2882. Lo bueno aborrece y lo malo apetece.
2883. Lo que temor acobarda, avaricia lo estimula y avanza.
2884. Lo que no se llevan los ladrones, aparece por los rincones.
2885. La carne en el techo y el hambre en el pecho.
2886. La diligencia es madre de la buena ventura.
2887. La moza que mal lava, siete veces le hierve el agua.
2888. La oreja, junto a la teja.
2889. La privación es causa del apetito.
2890. La tierra do me criare, démela Dios por madre.
2891. Ládreme el perro, y no me muerda.
2892. Las cosas bien pensadas, bien acertadas.
2893. Lo de balde, caro es.
2894. Lo que del agua es, al agua se vuelve.
2895. Lo que se dice al hogar, se predica en el umbral.
2896. La moza loca, la risa en la boca.
2897. Las cosas hechas con enojo, salen al ojo.
2898. Labrador de capa negra, poco medra.
2899. Las damas quieren ser rogadas, no enseñadas ni enojadas.
2900. Las mercedes del señor, hacen bueno al servidor.
2901. La experiencia/antigüedad es un grado.
2902. La cara es el espejo del alma.
2903. La esperanza es lo último que se pierde.
2904. La duda ofende.
2905. La mujer en casa, y la pierna quebrada.
2906. La ocasión la pintan calva.
2907. La sangre, tira.
2908. Las armas, el diablo las carga/las carga el diablo.

**2909.** La abundancia da arrogancia.

**2910.** La amante ama un día; la madre, toda la vida.

**2911.** La barba no da saber.

**2912.** La buena obra, a quien la hace se torna.

**2913.** La comodidad hace al hombre ladrón.

**2914.** La esencia fina viene en frasco chico.

**2915.** La justicia no corre, pero alcanza.

**2916.** La ley del embudo: para mí lo ancho y para ti lo agudo.

**2917.** La mentira general pasa por verdad.

**2918.** La mujer hace al marido.

**2919.** Las mujeres nunca son de quien las quiere, sino del último que viene.

**2920.** La noticia mala llega volando; y la buena, cojeando.

**2921.** La puta y el fanfarrón tienen poca duración.

**2922.** Las abreviaturas dificultan la lectura.

**2923.** Las buenas leyes son hijas de las malas costumbres.

**2924.** Las señoras no tienen espaldas.

**2925.** La vaca del obre es la que aborta.

**2926.** La viuda honrada, su puerta cerrada.

**2927.** Líbrenos Dios de ira de muchachos.

**2928.** Lo bueno es siempre escaso, y muy abundante lo malo.

**2929.** Lo mismo da a pie que andando.

**2930.** Lo que deprisa se hace, despacio se llora.

**2931.** Lo que hayas de hacer, callado lo has de tener.

**2932.** Lo que mucho se usa, poco dura.

**2933.** Lo que se piensa cuerdo, se ejecuta borracho.

**2934.** Los pecados de los abuelos, los pagan sus nietos.

**2935.** Los valientes y el buen vino duran poco.

**2936.** Llorar, a boca cerrada, por no dar cuenta a quien no sabe nada.

**2937.** La abundancia hace infelices a los ricos.

**2938.** La alegría es víspera del pesar.

**2939.** La buena estatura es media hermosura.

**2940.** La buena presencia es carta de recomendación y creencia.

**2941.** Ladrones roban millones, y son grandes señorones.

**2942.** La fama todo lo agranda.

**2943.** La ignorancia, madre de la admiración.

2944. La malicia hace sucias las cosas limpias.

2945. La mocedad es una loca sin atar.

2946. La mujer en casa, y el hombre en la arada.

2947. La mujer que buen pedo suelta, no puede ser sino desenvuelta.

2948. La música y la poesía no sufren medianía.

2949. La perseverancia todo lo alcanza.

2950. La salud sobra a quien la dicha falta.

2951. Las glorias mundanas son todas vanas.

2952. La tímida petición, ya se trae su negación.

2953. La vecindad es fuente de la amistad.

2954. La víbora y la mujer tienen la ponzoña en la boca.

2955. Levantar la liebre para que otro la mate, es disparate.

2956. Lo escrito, escrito queda, y las palabras el viento las lleva.

2957. Lo mío, mío, y lo tuyo de entrambos.

2958. Lo que en la niñez se aprende, toda la vida permanece.

2959. Lo que gusta, no hace daño.

2960. Lo que no se espera, más pronto llega.

2961. Los años son escobas que nos van barriendo hacia la fosa.

2962. Los refranes no engañan a nadie.

2963. Los viejos, a la vejez, se tornan a la niñez.

2964. Llegar y besar es mucho lograr.

2965. La alabanza del malo es vergonzosa.

2966. La amistad y el amor dos bellas mentiras son.

2967. La avaricia es mar sin fondo y sin orillas.

2968. La caca, limpiarla en casa, y no sacarla a la plaza.

2969. La conciencia es, a la vez, testigo, fiscal y juez.

2970. La hacienda heredada es menos estimada que la ganada.

2971. La juventud y el amor, lo mejor de lo mejor.

2972. La memoria es el talento de los tontos.

2973. La mucha miel, empalaga.

2974. La mujer, el caballo y el melón, no admiten término medio.

2975. La mujer lunarosa, de suyo se es hermosa.

2976. La necesidad obliga a lo que el hombre no piensa.

2977. La que nace hermosa, nace esposa.

**2978.** La sangre del pobre, el rico se la come.

**2979.** Las cartas y las mujeres se van con quien quieren.

**2980.** La suma pobreza es haber tenido riqueza.

**2981.** La verdad es perseguida; pero al fin, nunca vencida.

**2982.** La vergüenza y la honra, la mujer que la pierde nunca la cobra.

**2983.** La zorra suele predicarle a las gallinas: «Hermanas queridas…».

**2984.** Lobos de una camada no se hacen nada.

**2985.** Lo hermoso y lo bueno pocas veces son compañeros.

**2986.** Lo que con gusto se come, no hace daño.

**2987.** Lo que fue, será; y lo que se hizo, se hará.

**2988.** Lo que no es conocido, mal puede ser querido.

**2989.** Lo que se aplazó, casi siempre se malogró.

**2990.** Los libros hacen muchos sabios; pero pocos ricos.

**2991.** Lo viejo enfada, y lo nuevo agrada.

**2992.** Llegada la ocasión, el más amigo, el más ladrón.

**2993.** La abundancia hace señores; la carestía, ladrones.

**2994.** La alegría la da la conciencia limpia.

**2995.** La buena moza gentil, de un pedo apaga un candil.

**2996.** La burla, para el que le gusta.

**2997.** La carga, cansa; la sobrecarga, mata.

**2998.** Lágrima de heredero, poco mojan el pañuelo.

**2999.** La honra del marido está en mano de su mujer.

**3000.** La manzana podrida pudre a su vecina.

**3001.** La monja y el fraile, recen y callen.

**3002.** La mujer honesta, el hacer algo es su fiesta.

**3003.** La mujer, que encante; y el hombre, que espante.

**3004.** La mujer y la sartén en la cocina están bien.

**3005.** La que de comer con su marido rehúsa, no está en ayunas.

**3006.** La riqueza es madre de la pereza y abuela de la pobreza.

**3007.** Las leyes callan mientras hablan las armas.

**3008.** Las visitas placer dan, si no cuando llegan, cuando se van.

**3009.** La última paja quiebra el lomo del camello.

**3010.** La vida de la aldea, déla Dios a quien la desea.

**3011.** Libro prestado, o perdido o estropeado.

3012. Loen tus obras otros, y tú las de otros.

3013. Lo que a unos afea, a otros hermosea.

3014. Lo que de Dios está, sin duda se cumplirá.

3015. Lo que ha de ser forzado, más vale que sea de grado.

3016. Lo que no pueda ser bien vengado, sea bien disimulado.

3017. Lo que se han de comer los gusanos, que lo disfruten los cristianos/humanos.

3018. Los hombres ganan la hacienda y las mujeres la conservan.

3019. Luego que tu pan comí, me olvidé de ti.

3020. Llora tus penas, y deja las ajenas.

3021. La afición tapa los ojos a la razón.

3022. La amiga y la espada, antes dada que prestada.

3023. La belleza y la tontería, van siempre en compañía.

3024. La cara de médico siempre es bella para el enfermo.

3025. La casa, ya labrada; la viña, ya plantada; y la suegra, ya enterrada.

3026. La fortuna es ciega, y no sabe con quién pega.

3027. La hermosura no ha menester compostura.

3028. La libertad no tiene precio.

3029. La mucha abundancia, da hastío y náusea.

3030. La mujer con quien casares, no te gane en heredades.

3031. La mujer que a sus solas piensa, no puede pensar cosa buena.

3032. La mujer y el gato, por caricias vuelven arañazos.

3033. La razón no tiene más que un camino.

3034. La rica en su desposado lleva marido y criado.

3035. Las fiestas, donde quisieres; las Navidades, con las mujeres.

3036. Las ofensas del necio se pagan con el desprecio.

3037. La verdad, como el aceite, queda encima siempre.

3038. La viuda joven, en su cama, al muerto llora y por un vivo clama.

3039. Ley puesta, trampa hecha.

3040. Lo dado nunca es malo, como no sean palos.

3041. Lo poco, aplace; y lo mucho, satisface.

3042. Lo que fuere, sonará.

**3043.** Lo que has de comer, no lo veas hacer.

**3044.** Lo que no se hace por la buena, se hace por la mala.

**3045.** Lo que no te han de dar, por astucia o por fuerza lo has de tomar.

**3046.** Los buenos se van, y los malos se están.

**3047.** Los libros no enseñan mucho; el gran maestro es el mundo.

**3048.** Llámale vino al vino y pan al pan, y todos te entenderán.

**3049.** Llega lo inesperado y malogra todo lo pensado.

**3050.** La alegría alarga la vida; las penas la menguan.

**3051.** La alegría del casamiento no dura un mes entero.

**3052.** La bonita solo es buena para pintura.

**3053.** La buena obra se paga con otra.

**3054.** La cara más fea, la alegría la hermosea.

**3055.** La esperanza del perdón facilita los delitos.

**3056.** La justicia y la cuaresma para los pobres son hechas.

**3057.** La mala no espera un día; la buena, toda su vida.

**3058.** Lamiendo culos, a la cumbre subieron muchos.

**3059.** La mujer casta, obedeciendo manda.

**3060.** La mujer no ama a quien la ama, sino a quien le viene en gana.

**3061.** La mujer y el diablo siempre tienen que hacer algo.

**3062.** La primera parte del necio es tenerse por discreto.

**3063.** Largo de lengua, corto de manos.

**3064.** Las burlas pesadas en veras acaban.

**3065.** Las ocasiones hacen las putas y los ladrones.

**3066.** La ventura solo pasa una vez por cada casa.

**3067.** La vergüenza es una dama que viene a estorbar aunque nadie la llama.

**3068.** Lo a destajo hecho, nunca queda bien hecho.

**3069.** Lo bien dicho/hecho, bien parece, y sus autor honra merece.

**3070.** Lo prestado es medio dado.

**3071.** Lo que cada uno vale, a la cara sale.

**3072.** Lo que ha de ser, antes se deja entreoler.

**3073.** Lo que no puede uno, pueden muchos.

**3074.** Los extremos se tocan.

**3075.** Los primeros amores son los mejores.

**3076.** Llanto de mujer, engaño es.

**3077.** Lleva a Roma un asno, y lo traerás mitrado.

**3078.** La bobería del cura: pedíame el alquiler, y es mía la burra.

**3079.** La claridad es amiga de la verdad.

**3080.** La fiesta, trabajar, y entre semana, holgar.

**3081.** La letra, mata; su sentido, sana.

**3082.** La mujer, a cada rato, muda de parecer.

**3083.** La mujer lo hace, y el marido no lo sabe.

**3084.** La mujer que es mal casada, tratos tiene con la criada.

**3085.** La mujer y la ensalada, sin aderezo no es nada.

**3086.** Largo de cuerpo, corto de seso.

**3087.** La sardina y el huevo, a dedo.

**3088.** Las mentiras mayores, en boca de los cazadores.

**3089.** La tierra en que te vaya bien, por tu patria la ten.

**3090.** La verdad es madre del aborrecimiento.

**3091.** La viuda que se arrebola, por mi fe que no duerme sola.

**3092.** Lo ajeno, más que lo propio parece bueno.

**3093.** Lo gozado vale menos que lo imaginado.

**3094.** Lo que ahorras tú con afán, otros lo derrocharán.

**3095.** Lo que el diablo no puede hacer, hácelo la mujer.

**3096.** Lo que la mora negra tiñe, la verde lo destiñe.

**3097.** Lo que me encontré, a nadie lo robé.

**3098.** Los gitanos no quieren a sus hijos con buenos principios.

**3099.** Los que bien se quieren, cuando se topan, luego se alborotan.

**3100.** Llanto de viuda, presto se enjuga.

**3101.** La buena capa encubre al ladrón.

**3102.** La cama come.

**3102.** La lisonja causa amigos, y la verdad, enemigos.

**3103.** La muerte es tan cierta como la vida incierta.

**3104.** La mujer a la ventana, más pierde que gana.

**3105.** La mujer que mucho bebe, tarde paga lo que debe.

**3106.** La necesidad es enemiga de la castidad.

**3107.** La que a los hombres cree jurando, sus ojos quebranta llorando.

**3108.** Las mujeres corren delante de los ratones y detrás de los hombres.

**3109.** La verdad no tiene más de un camino.

**3110.** La vergüenza era verde, y se la comió un borrico.

**3111.** Libros y mujeres, mal se avienen.

**3112.** Lo mal ganado, ello y su dueño se lo lleva el diablo.

**3113.** Lo que fuerza no puede, ingenio lo ve.

**3114.** Lo que la mujer más desea, es lo que más niega.

**3115.** Lo que poco cuesta, poco se aprecia.

**3116.** Los hijos, mientras mayores, peores.

**3117.** La buena suerte, durmiendo el hombre le viene.

**3118.** La mejor hora para comer es cuando hay hambre, habiendo qué.

**3119.** La mujer ajena siempre es más bella.

**3120.** La mujer propia y la olla, cuando faltan son buenas.

**3121.** La mujer que reciba, a dar se obliga.

**3122.** La que a todos parece hermosa, para su marido es peligrosa.

**3123.** Las mujeres, donde están sobran; y donde no están, hacen falta.

**3124.** La verdad que daña es mejor que la mentira que halaga.

**3125.** Lo amargo es provechoso, y lo dulce, dañoso.

**3126.** Lo que bien a bien puedas lograr, por fuerza no lo has de tomar.

**3127.** Lo que hombres convengan, por ley lo tengan.

**3128.** Los trabajos echan un cero a la edad de los hombres.

**3129.** La mejor presa, no va a la mesa.

**3130.** La razón siempre acaba por tener razón.

**3131.** La tristeza que más duele es la que tras placer viene.

**3132.** Lo bien aprendido no se echa en olvido.

**3133.** Lo que los ojos no ven, el corazón no lo desea.

**3134.** Los pollos de Marta piden pan y danles agua.

**3135.** La mujer loca, por los cabos, merca la toca.

**3136.** La una lava a la otra, y las dos al rostro.

**3137.** La mujer y la gallina, por andar se pierden aína.

**3138.** Los perros de Zorita, pocos y mal avenidos.

**3139.** La pobreza es escalera del infierno.

**3140.** Lo que de noche se hace, de día parece.

**3141.** Llevar mala noche y parir hija/hembra.

**3142.** La ida que hizo mi abuelo, que fue y no tornó.

**3143.** La viuda rica, con un ojo llora y con otro repica.

**3144.** Lo que uno no quiere, otro lo ruega.

**3145.** La maravilla del pan de la villa, trújolo Juan y comiólo María.

**3146.** Lo mucho se gasta, y lo poco basta.

**3147.** La primera mujer es escoba, y la segunda, señora.

**3148.** La más cauta es tenida por más santa.

**3149.** Lo que se usa, no se excusa.

**3150.** La tierra negra pan lleva, que la blanca, por las paredes anda.

**3151.** La mujer sea igual o menor, si quieres ser señor.

**3152.** Lo que no acaece en un año, acaece en un rato.

**3153.** Las mañanas de abril dulces son de dormir, y las de mayo, de sueño me caigo.

**3154.** Lo que atrás viene, rabo semeja.

**3155.** La tela de araña al ratón suelta, y a la mosca apaña.

**3156.** La cárcel y la cuaresma para los pobres es hecha.

**3157.** La mujer placera dice de todos y todos de ella.

**3158.** La relimpia de Horcajo, que lavaba las patas al asno.

**3159.** Lo que no va en vino, va en lágrimas y suspiros.

**3160.** La liebre es de quien la levanta, y el conejo de quien lo mata.

**3161.** La oración breve sube al cielo.

**3162.** La que con muchos se casa, a todos enfada.

**3163.** La sardina galiciana y el pescado de Irlanda.

**3164.** La mujer y el vidrio siempre están en peligro.

**3165.** La rueda de la fortuna nunca es una.

**3166.** Lo barato es caro, y lo caro es barato.

**3167.** Luna en creciente: cuernos a Oriente; luna menguante: cuernos adelante.

**3168.** La mujer compuesta a su marido quita de puerta ajena.

**3169.** Los amigos de los gatos, empiezan riñendo y salen rifando.

**3170.** La casa de Celestina: todos los saben y nadie la atina.

**3171.** La comida reposada y la cena paseada.

**3172.** La cabeza blanca y el seso por venir.

**3173.** La cama es buena cosa, quien no puede dormir, reposa.

**3174.** Las canas y borrachez, no vienen por vejez.

**3175.** La carne de pluma quita del rostro la arruga.

**3176.** La casa del doliente, quémase y no se siente.

**3177.** La carne pone carne, y el pan pone panza, y el vino guía la danza.

**3178.** La casa sin fuego ni llama, semeja al cuerpo sin alma.

**3179.** La comida del hidalgo: poca vianda y mantel largo.

**3180.** La compañía del ahorcado: ir con él y dejarle colgado.

**3181.** La comida que por comida se pierde, no es perdida.

**3182.** Lo que te cubre, eso te descubre.

**3183.** La costumbre hace ley.

**3184.** La dama en la calle, grave y honesta; en la iglesia, devota y compuesta; en casa, escoba discreta y hacendosa; en el estrado, señora; en el campo, corza; en la cama, graciosa, y será en todo hermosa.

**3185.** La deleitosa vida, padre y madre olvida.

**3186.** La espina, cuando nace, la punta lleva delante.

**3187.** La ensalada, bien salada, poco vinagre y bien oleada.

**3188.** La mar al más amigo, presto le pone en peligro.

**3189.** La mesa sojuzgada y la olla reposada.

**3190.** La muerte a nadie perdona.

**3191.** La noche es capa de pecadores.

**3192.** La mujer buena, de la casa vacía la hace llena.

**3193.** La música, para quien la entienda.

**3194.** La necesidad tiene cara de hereje.

**3195.** La oración breve, a menudo y devota.

**3196.** La pera no espera, mas la manzana espera.

**3197.** La perdiz y la camuesa por Navidad es buena.

**3198.** La pobreza es la escalera del cielo al bueno, y al malo del infierno.

**3199.** Los príncipes más quieren ser servidos que aconsejados y advertidos.

**3200.** La respuesta mansa, la ira quebranta.

**3201.** Las riñas de por San Juan son paz para todo el año.

**3202.** La salud no es conocida hasta que es perdida.

**3203.** La trucha y la mentira, cuanto mayor, tanto mejor.

**3204.** La vaca bien cocida y mal asada.

**3205.** La verdad amarga y la mentira es dulce.

**3206.** La virtud está en yerbas, palabras y piedras.

**3207.** Los yerros del médico la tierra los cubre.

**3208.** La muerte, ni buscarla ni temerla.

**3209.** La mujer, rogada; y la olla, reposada.

**3210.** Las paredes han oídos y los montes ojos.

**3211.** Los pleitos son como las cerezas: toman pocas y vienen muchas tras ellas.

**3212.** La pobreza ni quita virtud, ni la pone la riqueza, mas son causa de quitarla o de ponerla.

**3213.** La risa del conejo y música del cisnero.

**3213.** La vaca en el estío y el carnero en tiempo frío.

**3214.** La ventura de García no la ha dado Dios a nadie: todos quieren a García, y García no quiere a nadie.

**3215.** La voz del pueblo, voz de Dios.

**3216.** La muerte todo lo barre, todo lo iguala, y todo lo ataja.

**3217.** La mujer para ser hermosa ha de tener cuatro veces tres cosas: ser blanca en tres; colorada, en tres, ancha en tres, larga en tres: blanca en cara, manos y garganta; colorada en labios, mejillas y barba; negra en cabellos, pestañas y cejas; ancha en caderas, hombros y muñecas; larga en talle, manos y garganta.

**3218.** Los pecados y las deudas, siempre son más de lo que se piensa.

**3219.** La pobreza no es vileza, más deslustra la nobleza.

**3220.** La ventura de las feas, ellas se la granjean.

**3221.** Los prestos y los idos, presto son en olvido.

**3222.** Las mujeres sin maestro saben llorar, mentir y bailar.

**3223.** La verdad, aunque amargue, se diga y se trague.

**3224.** La mujer casada y honrada, la pierna quebrada y en casa; y la doncella, pierna y media.

**3225.** La mujer y la viña, el hombre la hace garrida.

**3226.** La vergüenza, donde sale una vez nunca más entra; y la sospecha, nunca sale de donde entra.

**3227.** La mujer ha de hablar cuando la gallina quiera mear.

111

**3228.** La mula y la mujer, a palos se han de vencer.

**3229.** La mula y la mujer, por halago hacen el menester.

**3230.** La almohada es buen consejo.

**3231.** La mayor salud, o señal de ella, es desearla el enfermo.

**3232.** Las muchas palabras son indicio de las pocas obras.

**3233.** Llevarlo todo a cuestas como el caracol.

**3234.** Lo dicho, dicho.

**3235.** Lo que me quise, me quise, lo que me quise me tengo yo.

**3236.** Los hijos criados, los duelos doblados.

**3237.** Labor comenzada no te la vea ni suegra ni cuñada.

**3238.** La mayor señal de agua es no haber para vino.

**3239.** La leche con el vino tórnase benino.

**3240.** Llorar para descansar.

**3241.** Lodos en mayo, espigas en agosto.

**3242.** Lo que no acontece en un año, acontece en una hora.

**3243.** Los más cuerdos hacen mayores yerros.

**3244.** La ciencia es locura si buen seso no la cura.

**3245.** La mayor valentía es excusar la pendencia y la rencilla.

**3246.** Lechón de un mes y pato de tres.

**3247.** Llorar poco y buscar otro.

**3248.** Lo hallado no es hurtado.

**3249.** Ladrón con fraile: o el ladrón será fraile o el fraile será ladrón, y es lo más cierto, porque se pega más lo peor.

**3250.** La mejor cepa en mayo me la echa.

**3251.** La lengua de la mujer dice todo lo que quier.

**3252.** Lluvia de levante no deja cosa delante.

**3253.** Lo malo, de balde es caro; lo mejor es más barato.

**3254.** Lo que no quieras para ti, no lo quieras para mí/otro.

**3255.** Los primeros a comer, los postreros a hacer.

**3256.** Lágrimas de mujer, lo que no quieren no alcanzan y acaban.

**3257.** La mejor salsa es el hambre y buenas ganas.

**3258.** La lengua larga es señal de mano corta.

**3259.** Lo bien dicho, presto es dicho.

**3260.** Lo peor del pleito, que de uno nacen ciento.

**3261.** Lo que no quieres que se sepa, no lo digas a nadie.

**3262.** Lumbre mezquina, sacar de abajo y echar encima.

3263. La mala fama vuela como ave y rueda como la moneda, y la buena en casa se queda.

3264. La que ha de ser bien casada, a su costa lo ha de ser.

3265. Libre es la afición y no conocer señor.

3266. Lobo tardío no vuelve vacío.

3267. Lo perdido vaya por amor de Dios.

3268. Lo que no se comienza, nunca se acaba.

3269. Luna con cerco, agua trae en el cuerno.

3270. La mala nueva presto llega.

3271. La que luce entre las ollas, no luce entre las otras.

3272. Liebre parida y galga salida.

3273. Loco es el hombre que sus prisiones ama, aunque sean de oro y plata.

3274. Lo poco mucho duró, y lo mucho se gastó.

3275. Lo que sabe la una mano, no lo sepa la otra.

3276. La luna cornialta: o seca o mojada.

3277. La mala yerba presto crece.

3278. La que no tiene doncella, sírvase ella; y la que no tiene moza, barra la casa y ponga su olla.

3279. La liebre que has de matar, cuesta abajo la has de echar.

3280. Lo dado, dado, y lo prestado, prestado.

3281. Lo que bebo y como, eso me ahorro.

3282. Lo que se ha de hacer tarde y de mal grado, hágase temprano.

3283. Luna de enero no tiene aparcero.

3284. La más hermosa de todas, como las otras hace boda.

3285. La que no tiene suegra ni cuñada, esa es bien casada.

3286. La liebre vieja presto coge la vereda; la nueva, o la matan, o se enseña.

3287. Lo que come mi vecina no aprovecha a mi barriga.

3288. Lo que te dijere el espejo, no te lo dirán en concejo.

3289. Luna de enero no tiene compañero, sino de agosto, que la da en rostro.

3290. La que presto empieza, presto lo deja.

3291. La liebre y la ramera, cabe la vereda.

3292. Lo que con el ojo veo, lo adivino con el dedo.

3293. Luna de enero y el amor primero.

**3294.** La que quiere ser buena, no se lo quita la mi vihuela.

**3295.** Limpieza y dineros hacen los hijos caballeros.

**3296.** Lo que dice el cordobés, entiéndelo al revés.

**3297.** Luna que reluces, toda la noche alumbres.

**3298.** La que se viste de verde, en su hermosura se atreve.

**3299.** Limpieza, y no en la bolsa; claridad, y no en el caldo.

**3300.** Lo que dice el pandero no es todo vero.

**3301.** Lunes y martes, fiestas muy grandes; miércoles y jueves, fiestas solemnes; viernes y sábados, las mayores de todo el año.

**3302.** Larga se debe dar a mucho, y aun a todo, si no se quiere vivir poco.

**3303.** La llaga de amor, quien la hace la sana y quita el dolor.

**3304.** Lo que en la leche se mama, en la mortaja se derrama.

**3305.** La madera de enero no la pongas al humero; déjala estar cortada, que ella se curte y amansa.

**3306.** Las buenas palabras quebrantan las peñas y ablandan los corazones.

**3307.** Lo que es bueno para el hígado, es malo para el bazo.

**3308.** Las malas nuevas siempre son verdaderas.

**3309.** Lo que fue y no es, tanto es como si no fuera.

# REFRANES QUE EMPIEZAN POR M

**3310.** Más vale la salud que el dinero.

**3311.** Más vale pájaro en mano que ciento/dos/buitre volando.

**3312.** Mucho te quiero, perrito; pero pan, poquito.

**3313.** Más sabe el diablo por viejo que por diablo.

**3314.** Mal de muchos, consuelo de tontos.

**3315.** Mal que no tiene cura, quererlo curar es locura.

**3316.** Más vale malo conocido que bueno por conocer.

**3317.** Mala hierba nunca muere.

**3318.** Mente sana en cuerpo sano.

**3319.** Más apaga la buena palabra que caldera de agua.

**3320.** Muerto el perro, se acabó la rabia.

**3321.** Más discurre un hambriento que cien letrados.

**3322.** Merced recibida, libertad vendida.

**3323.** Más puede la pluma que la espada.

**3324.** Mucho ruido y pocas nueces.

**3325.** Más se perdió en Cuba.

**3326.** Muchos son los llamados/los amigos y pocos los escogidos.

**3327.** Más vale poco y bueno que mucho y malo.

**3328.** Más vale estar solo que mal acompañado.

**3329.** Más vale maña que fuerza.

**3330.** Más vale un hoy que diez mañanas.

**3331.** Más vale tarde que nunca.

**3332.** Mal piensa el que mal actúa.

**3334.** Mano que te da de comer no has de morder.

**3335.** Más vale caer en gracia que ser gracioso.

**3336.** Más vale prevenir que lamentar/curar.

**3337.** Más vale ser cabeza de ratón que cola de león.

**3338.** Maestre por maestre, séalo este.

**3339.** Más vale algo que nada.

**3340.** Mientras en mi casa estoy, rey me soy.

**3341.** Malo vendrá que bueno me/te hará.

**3342.** Menea la cola el can, no por ti, sino por el pan.

**3343.** Mal me quieren mis comadres porque digo las verdades.

**3344.** Mudar costumbre es a par de muerte.

**3345.** Mientras el discreto piensa, el necio hace la ciencia.

**3346.** Más vale buen callar que mal hablar.

**3347.** Malo es errar, y peor es perseverar.

**3348.** Más vale poco que nada.

**3349.** Mucho estirar, hace hender o quebrar.

**3350.** Más valen dos bocados de vaca que siete de patata.

**3351.** Más vale mal ajuste que buen pleito.

**3352.** Mala señal es de amor huir y volver la cara.

**3353.** Madrastra, el nombre le basta.

**3354.** Más tira moza que soga.

**3355.** Más vale prevenir que ser prevenidos.

**3356.** Más vale un día del discreto que toda la vida del necio.

**3357.** Mejor se guarda lo que con trabajo se gana.

**3358.** Mozo pagado, brazos quebrados.

**3359.** Muchos pocos hacen un mucho.

**3360.** Madrastra, aun de azúcar, amarga.

**3361.** Mala boca, peces coma.

**3362.** Más corre ventura, que caballo ni mula.

**3363.** Más vale buena esperanza que ruin posesión.

**3364.** Más vale llegar a tiempo que rondar un año.

**3365.** Mercader que su trato no entienda, cierre la tienda.

**3366.** Mucho sabe la zorra, pero más quien/el que la toma.

**3367.** Mujer moza y viuda, poco dura.

**3368.** Madre pía, daño cría.

**3369.** Mano sobre mano, como mujer de escribano.

**3370.** Más fuerte era Sansón, y le venció el amor.

**3371.** Más vale arte que ventura.

**3372.** Más vale el ruego del amigo que el hierro del enemigo.

**3373.** Mátenme cuerdos, y no me den vida necios.

**3374.** Mensaje que mucho tarda, a muchos hombres demuele.

**3375.** Muchas veces el necio dice un buen consejo.

**3376.** Muchos van al mercado, cada uno con su hado.

**3377.** Mal de cada rato no lo sufre perro ni gato.

**3378.** Mandar y mandar, y al cabo, nada dar.

**3379.** Más moscas se cogen con miel que con hiel.

**3380.** Más sabe el necio en su casa, que el cuerdo en la ajena.

**3381.** Más vale pan con amor que gallina con dolor.

**3382.** Matrimonio y mortaja, del cielo bajan.

**3383.** Mejor es castigar que después suspirar.

**3384.** Mozo creciente, lobo en el vientre.

**3385.** Muerta es la abeja, que daba la miel y la cera.

**3386.** Mal de rico, poco daño y mucho trapito.

**3387.** Marzo ventoso y abril lluvioso sacan a mayo florido y hermoso.

**3388.** Más son los amenazados que los acuchillados.

**3389.** Más vale entenderse a coplas, que echar mano a las manoplas.

**3390.** Más vale un buen amigo que un ruin pariente.

**3391.** Mi marido es tamborilero; Dios me lo dio y así me lo quiero.

**3392.** Mote, que moteja, no pone buena oreja.

**3393.** Manos callosas, manos honrosas.

**3394.** Más hace el que quiere que el que puede.

**3395.** Más vale año tardío que vacío.

**3396.** Mientras dura, vida y dulzura.

**3397.** Manos duchas comen truchas.

**3398.** Más caga un buey que cien golondrinas.

**3399.** Mal ajeno es ruin consuelo.

**3400.** Malo es quien es bueno por interés.

**3401.** Mancha de corazón no sale con jabón.

**3402.** Más bien duerme el deudor que su acreedor.

**3403.** Más largo que día sin pan.

**3404.** Más quiero libertad pobre/con pobreza que prisión rica/con riqueza.

**3405.** Más vale acertar con los pocos que errar con los muchos.

**3406.** Más vale apalear que ser apaleado.

**3407.** Más vale causar envidia que lástima.

**3408.** Más vale el médico muy experimentado que el muy letrado.

**3409.** Más vale poco y bien tenido que mucho y mal atendido.

**3410.** Más vale rodear que rodar.

**3411.** Más vale tuerta y nuestra que con cuatro ojos y ajena.

**3412.** Más ven cuatro ojos que dos.

**3413.** Merced forzada no vale nada.

**3414.** Mientras calla el necio, no lo parece.

**3415.** Moda, la que acomoda.

**3416.** Moza que con todos bromea, no sé si lo es, pero quizás lo sea.

**3417.** Muchos discípulos vencen a sus maestros.

**3418.** Múdanse los hombres, no los montes.

**3419.** Mujer enferma, mujer eterna.

**3420.** Mujer que no es laboriosa, o puta, o golosa.

**3421.** Muy poco adelantarás si vuelves la cara atrás.

**3422.** Madre muerta, casa deshecha.

**3423.** Maldita la llaga que el vino no sana.

**3424.** Mal por mal, el más chico tomarás.

**3425.** Marido rico y necio no tiene precio.

**3426.** Más diestra es la prudencia que las armas.

**3427.** Más le quiero mozo y pobre que no viejo que se doble.

**3428.** Más pueden tretas que letras.

**3429.** Más tino se necesita para preguntar que para contestar.

**3430.** Más vale burro vivo que sabio muerto.

**3431.** Más vale dejar a tus enemigos, que pedir a tus amigos.

**3432.** Más vale gastar en la taberna que en la botica.

**3433.** Más vale odiado que olvidado.

**3434.** Más vale ser mal amo que buen criado.

**3435.** Más vale sudor de madre que leche de ama.

**3436.** Más vale un mal marido que un buen querido.

**3437.** Mercader y puerco, quiéroslos muertos.

**3438.** Mientras dudes, no acuses.

**3439.** Mientras mis mentiras cuento, no me parece que miento.

**3440.** Mucho deber, de grandes señores es.

**3441.** Mucho sufre quien bien ama.

**3442.** Mudar de costumbre, gran pesadumbre.

**3443.** Mujer muy carnal, harta nunca jamás.

**3444.** Mujer que quebranta el sexto, ni confíe en el mozo ni espere en el viejo.

**3445.** Mujer recatada, mujer codiciada.

**3446.** Madre que no cría, no es madre; que es tía.

**3447.** Mal que se comunica, si no se cura, se alivia.

**3448.** Marido muerto, otro al puesto.

**3449.** Más cura una dieta que diez recetas.

**3450.** Más pronto se conoce al enemigo que al amigo.

**3451.** Más puede la hermosura que billetes y escrituras.

**3452.** Más tiran dos tetas que dos carretas.

**3453.** Más vale cagarruta de oveja que bendición de iglesia.

**3454.** Más vale dar que tomar.

**3455.** Más vale guerra abierta que paz fingida.

**3456.** Más vale negar sonriendo que otorgar gruñendo.

**3457.** Más vale ser puta sin parecerlo que aparentar y no serlo.

**3458.** Más vale un buen morir que un mal vivir.

**3459.** Más vale un golpe del que te quiere que un beso del que te aborrece.

**3460.** Meter en tu casa albañiles, solo si te sobran miles.

**3461.** Mientras más amigos, menos cumplidos.

**3462.** Mientras otros tengas mujeres, ¿a qué casarte quieres?

**3463.** Mucho apretar, pronto aflojar.

**3464.** Muchos son los conocidos, y pocos los amigos.

**3465.** Múdanse los tiempos, y así los pensamientos/múdanse las condiciones.

**3466.** Mujer muy codiciada, pocas veces no lograda.

**3467.** Madre vieja y camisa rota no es deshonra.

**3468.** Mal regaña el amo a la moza, si a veces con ella retoza.

**3469.** Más alabado que nieto de abuela.

**3470.** Más daño suele hacer una plumada que una estocada.

**3471.** Más fácil es juzgar que la obra imitar.

**3472.** Más quiero poco seguro que mucho con peligro.

**3473.** Más trazas inventa en cinco minutos una mujer, que el diablo en un mes.

**3474.** Más vale buen amigo que mal marido.

**3475.** Más vale ciencia que renta.

**3476.** Más vale lo que la oveja caga que la hierba que traga.

**3477.** Más vale muerte callada que desventura publicada.

**3478.** Más vale ser pobre en tierra que rico en la mar.

**3479.** Más vale tener mal burro que no tener ninguno.

**3480.** Mejor es resignarse que lamentarse.

**3481.** Mete el ruin en tu pajar, quererte ha heredar.

**3482.** Mientras la viuda llora, bailan otros en la boda.

**3483.** Modestia exagerada, modestia falsa.

**3484.** Mucho gana quien no juega.

**3485.** Mucho teme quien bien ama.

**3486.** Muerte deseada, vida prolongada.

**3487.** Mujer peluda, mujer cojonuda.

**3488.** Madre, la que lo pare; que la que no, no es madre.

**3489.** Mal puede juzgar del arte, quien de ella no tiene parte.

**3490.** Mal se cura la llaga mientras el hierro está dentro.

**3491.** Más fácil es acertar callando que no errar hablando.

**3492.** Más honrado es el que la honra merece que el que la tiene.

**3493.** Más quiero ser de moza desdeñado que de vieja rogado.

**3494.** Más son los días que las morcillas.

**3495.** Más vale callar, que con necios altercar.

**3496.** Más vale despedirse que ser despedido.

**3497.** Más vale estarse un año sin mujer que dos días sin comer.

**3498.** Más vale morir honrado que vivir deshonrado.

**3499.** Más vale rato de faena que mes de verbena.

**3500.** Más vale tener que desear.

**3501.** Medicina que te mejora, no la cambies por otra.

**3502.** Mi casa, mi mesa y mi mujer, todo mi mundo es.

**3503.** Mientras lo piensa el cuerdo, lo hace el necio.

**3504.** Monja arrepentida, no hay peor vida.

**3505.** Mozas que se acercan a los veinte, ser guardadas no quieren.

**3506.** Muchos ajos en un mortero, mal los maja un majadero.

**3507.** Mucho vuela el viento, pero más el pensamiento.

**3508.** Mujer por muchos nombrada, no me agrada.

**3509.** Mal acomodo es desnudar a un santo para vestir a otro.

**3510.** Mal huye quien a casa torna.

**3511.** Marido celoso, no tiene reposo.

**3512.** Más calienta la pata de un varón que diez arrobas de carbón.

**3513.** Más fácil es dar consejos que dar dineros.

**3514.** Más quiero en mi casa pan y cebolla que en la ajena comer olla.

3515. Más tarda el hombre en decirlo que la mujer en consentirlo.

3516. Más vale bien amigada que mal casada.

3517. Más vale conciencia que ciencia.

3518. Más vale gana de comer, que tener y no poder.

3519. Más vale dos de a treinta que una de a sesenta.

3520. Más vale ser que parecer.

3521. Más vale un diente que un diamante.

3522. Mejor es gana que empacho.

3523. Mejor es trabajar de balde que vivir de balde.

3524. Mientras hay vida, la esperanza no sea perdida.

3525. Mi nuera es tan elegante, que hasta para fregar usa guantes.

3526. Moza mal madrugadera, antes yergue el culo que la cabeza.

3527. Mucho rezar y mucho pecar juntos suelen andar.

3528. Mujer con letras, dos veces necia.

3529. Mujeres y guitarras, es menester mucho tino para templarlas.

3530. Malo es casarse, y peor descasarse.

3531. Mal se quiere el viejo que amores tiene.

3532. Más difícil es guardar una sola doncella que un saco de pulgas.

3533. Más gente va en coche al infierno que al cielo.

3534. Más quiero viejo que me regale, que mozo que me mande.

3535. Más sordo que orejas de mercader.

3536. Más vale cano que calvo.

3537. Más vale dar algo que prestar largo.

3538. Más vale morir en paz que vivir en guerra.

3539. Más vale ser sabio que aparentarlo.

3540. Más vale un buen amigo que un hermano legítimo.

3541. Más vale un «por si acaso» que un «pensé que».

3542. Mercadería ofrecida, pierde valía.

3543. Mientras la cigarra canta, la hormiga acarrea y guarda.

3544. Miráis lo que bebo, y no la sed que tengo.

3545. Muchas veces es más el ruido que las nueces.

**3546.** Mucho sabía el cornudo, pero más quien se los puso.

**3547.** Mujer chiquita, siempre es jovencita.

**3548.** Mujer mal parida, al año parida.

**3549.** Mal retoza el viejo con la moza.

**3550.** Manos blancas no ofenden; pero duelen.

**3551.** Más discurre un enamorado que cien abogados.

**3552.** Más hacen pocos y buenos que muchos que lo sean menos.

**3553.** Más quiero ser de vieja rogado que de moza desdeñado.

**3554.** Más vale burro que alcalde; porque burro se es toda la vida, y alcalde una temporadilla.

**3555.** Más vale dar un buen beso a la bota que diez a las mozas.

**3556.** Más vale ser cornudo que no lo sepa ninguno, que sin serlo, pensarlo todo el mundo.

**3557.** Más vale torre hecha que castillo por hacer.

**3558.** Matrimonio bien avenido, la mujer junto al marido.

**3559.** Mercader que fía, pierde el dinero y el parroquiano.

**3560.** Mientras más se duerme, más se quiere.

**3561.** Mira más por lo de otro que por lo tuyo propio.

**3562.** Mucho aconsejar no suele agradar.

**3563.** Muchos entran en la corte, y no la corte en ellos, y si van toscos, vuelven groseros.

**3564.** Mujer discreta, ni en ventanas ni en puertas.

**3565.** Mujer que al andar culea, bien sé yo lo que desea.

**3566.** Mal se arrepiente quien lo hurtado no devuelve.

**3567.** Mantener casa, no lo sabe nadie sino quien lo pasa.

**3568.** Más es querer que poder.

**3569.** Más puede con el amor el desprecio que el favor.

**3570.** Más quiero vivir por montañas y sierras que ser preso en mis tierras.

**3571.** Más vale decir mentiras que parezcan verdades que verdades que parezcan mentiras.

**3572.** Mejor es con los más errar que con los menos acertar.

**3573.** Mestizo, el diablo lo hizo.

**3574.** Mientras más se vive, más se aprende.

**3575.** Miren quién me llamó puta, sino otra más disoluta.

**3576.** Mucho ganar, no es sin pecar.

**3577.** Muchos por mejorar llegaron a empeorar.

**3578.** Mujer que al vino se da, ¿a qué vicio no se dará?

**3579.** Mañana ayunaremos; que hoy comida tenemos.

**3580.** Más vale el mal de mi tierra que el bien de la ajena.

**3581.** Mejor es ser corregido de los sabios que alabado de los necios.

**3582.** Mientras menos quedemos, mejor nos entenderemos.

**3583.** Mucho o poco, todos somos locos.

**3584.** Más atormenta lo sospechado que lo averiguado.

**3585.** Mete en tu pajar al gallego, y hacérsete ha heredero.

**3586.** Muera Sansón y cuantos con él son.

**3587.** Mandan al gato, y el gato manda a su rabo.

**3588.** Más vale quien Dios ayuda, que quien mucho madruga.

**3589.** Muchos van a casa del muerto, y cada uno llora su duelo.

**3590.** Más sabe el loco en su hacienda/casa, que el cuerdo en la ajena.

**3591.** Mesa de franciscos, coro de bernardos, hábito de agustinos, bolsa de jerónimos, púlpito de dominicos.

**3592.** Malo es Pascual, y todos le hacen mal.

**3593.** Más vale medir y remedir, que cortar y arrepentir.

**3594.** Mentir no cuesta dinero.

**3595.** Más cerca están mis dientes que mis parientes.

**3596.** Más vale tuerto que ciego.

**3597.** Más querría estar al sabor, que al olor.

**3598.** Más vale vergüenza en cara, que dolor en corazón.

**3599.** Más vale un agua entre abril y mayo que los bueyes y el carro.

**3600.** Mujer, viento y ventura, presto se muda.

**3601.** Más vale un agua entre mayo y junio que los bueyes y el carro y el yugo.

**3602.** Madrastra, ni de cera ni de pasta.

**3603.** Manos besa hombre que querría verlas cortadas.

**3604.** Madrastra, madre áspera.

**3605.** Madre acuciosa, hija vagarosa.

**3606.** Manos frías, corazón caliente, amor de siempre.

**3607.** Más vale acostar sin cena que levantarse con deuda.

**3608.** Más valen amigos en la plaza que dineros en el arca.

3609. Mayo pardo, año harto.

3610. Misar y rezar y casa guardar.

3611. Muérese el rey, y el Papa, y el que no tiene capa.

3612. Madre la mi madre, guardas me ponéis, si yo no me guardo, mal me guardaréis.

3613. Menguilla y Pascual, tal para cual.

3614. Más vale agua del cielo que todo el riego.

3615. Más vale perder lo poco que perderlo todo.

3616. Meta cada uno la mano en su seno, y verá que hiciera en ello.

3617. Mucha paja y poco grano, es por vicio del verano.

3618. Madre no viste, padre no tuviste, diablo te hiciste.

3619. Mañana de San Juan, mozas, vámonos a coger rosas.

3620. Más vale antes que después.

3621. Más vale que sobre que no que falte.

3622. Meter el clavo por la cabeza, como el aragonés.

3623. Mucho corre la liebre, pero más el galgo, pues la prende.

3624. Madre, ¿qué cosa es casar? —Hija, hilar, parir y llorar.

3625. Marigüela, si fueres buena, tuya la estrena.

3626. Más vale blanca de paja que maravedí de lana.

3627. Más vale sudar que toser y tiritar.

3628. Meterse de gorra.

3629. Mucho me pesa, mas no puedo llorar.

3630. Mala es el hambre, peor es la sed; si una mata, otra también.

3631. Más ablanda el dinero que palabras de caballero.

3632. Más vale descosido que rompido.

3633. Mi gozo en el/un pozo.

3634. Muchos hay en la guerra y pocos en la pelea.

3635. Mal es acabarse el bien.

3636. Más caro es lo donado que lo comprado.

3637. Más vale din que don.

3638. Más vale un toma que dos te daré.

3639. Mucho vale y poco cuesta, a mal hablar buena respuesta.

3640. Mal ganado es de guardar, doncellas y mozas locas y por casar.

3641. Más conocido que la ruda.

3642. Más vale duro que ninguno.

3643. Mátalas callando y tómalas a tiento.

3644. Mudado el tiempo, mudado el pensamiento.

3645. Malo es pecar y diabólico perseverar.

3646. Más da el duro que el desnudo.

3647. Más vale avenencia que buena sentencia.

3648. Mata, que el rey perdona.

3649. Mudar condición es a par de muerte.

3650. Mal para quien calla, y peor para quien habla.

3651. Más quiero asno que me lleve que caballo que me derrueque.

3652. Mayo frío, mucho trigo.

3653. Mudar los dientes y no las mientes.

3654. Mal sobre mal, y piedra por cabezal.

3655. Mayo hortelano, mucha paja y poco grano.

3656. Muera Marta, y muera harta.

3657. Mándame mi amo, mándame mi ama; no sé cuál mandado haga.

3658. Mayo mangorrero, pon la rueca en el humero.

3659. Mandan al mozo, y el mozo al gato, y el gato a su rabo.

3660. Manda y haz, y tendrás criados.

3661. Mandar no quiere par.

# REFRANES QUE EMPIEZAN POR N/Ñ

**3662.** No por mucho madrugar amanece más temprano/aína.

**3663.** Noches alegres, mañanas tristes.

**3664.** Nada mejor que un ladrón para atrapar a otro ladrón.

**3665.** Nada que valga la pena se consigue fácilmente.

**3666.** No comer por haber comido no es pecado/enfermedad de peligro.

**3667.** Nadie/ninguno está contento con su suerte.

**3668.** No hay mejor maestra que la necesidad/pobreza.

**3669.** Nadie nace enseñado.

**3670.** No dejes camino por vereda.

**3671.** No hay enemigo pequeño.

**3672.** No hay regla sin excepción.

**3673.** No hay mal ni bien que cien años dure… ni cuerpo que lo resista.

**3674.** No hay más cera que la que arde.

**3675.** No hay peor sordo que el que no quiere oír.

**3676.** No hay peor astilla que la de la misma madera.

**3677.** No hay tempestad que mucho dure.

**3678.** No pasa nada y si pasa, se le saluda.

**3679.** Nunca es tarde si la dicha es buena.

**3680.** No se puede servir a dos señores.

**3681.** Nunca llueve a gusto de todos.

**3682.** No se puede trabajar sin materia prima.

**3683.** No se sabe si algo es bueno hasta que se lo pone a prueba.

**3684.** No hay mal que por bien no venga.

**3685.** No solo de pan vive el hombre.

**3686.** No hay hombre tan malo que no tenga algo bueno, ni tan bueno que no tenga algo malo.

**3687.** Nadie es profeta en su tierra.

**3688.** No te metas donde no te llaman.

**3689.** Nadie sería mesonero si no fuera por el dinero.

**3690.** No es tan fiero el león como lo pintan.

**3691.** Nunca más perro a molino.

**3692.** No da paso seguro quien corre por el muro.

**3693.** No es pobre el que tiene poco, sino el que codicia mucho. No es pobre el que poco tiene, sino el que mucho quiere.

**3694.** No todo el monte es orégano.

**3695.** Nunca falta un remiendo para un descosido.

**3696.** Nadie diga «bien estoy», sin añadir «hoy por hoy».

**3697.** No hay olla tan fea, que no tenga su cobertera.

**3698.** Ni quito ni pongo rey, pero ayudo a mi señor.

**3699.** Ni mesa que se ande, ni piedra en el escarpe.

**3700.** Nunca buena viga se hizo de buen cohombro.

**3701.** No dice más la lengua que lo que siente el corazón.

**3702.** Ni tanto ni tan calvo.

**3703.** No es villano el de la villa, sino el que hace la villanía.

**3704.** No hay mala palabra si no es a mal tenida.

**3705.** No se ganó Zamora en una hora.

**3706.** No es la miel para la boca del asno.

**3707.** Nunca lo bueno fue mucho.

**3708.** No es todo cantar cuanto ruido suena.

**3709.** No hay atajo sin trabajo.

**3710.** Nadie diga de esta agua no beberé.

**3711.** No es oro todo lo que reluce.

**3712.** Nadie le dio la vara; él se hizo alcalde, y manda.

**3713.** Ni bebas agua que no veas/sin ver, ni firmes carta que no leas/sin leer.

**3714.** Ninguno se alabe de hacer lo que no sabe.

**3715.** No están bien dos pobres a una puerta.

**3716.** No hay cosa más buena, que estarse cada uno en su celda.

**3717.** No nació quien no erró.

**3718.** No se acuerda el cura de cuando fue sacristán.

**3719.** No todos los que llevan cuchillos son verdugos.

**3720.** Ni casa sin puerta, ni olla descubierta.

**3721.** No es cosa cierta pescar con mazo.

**3722.** No es nada lo del ojo, y lo lleva en la mano.

**3723.** No hay mejor remedio que el del mismo paño.

**3724.** No hay que mentar la soga en casa del ahorcado.

**3725.** No se cazan liebres al son del tambor.

**3726.** No temas mancha que sale con el agua.

**3727.** Ni comas crudo, ni ande el pie desnudo.

**3728.** No bastan estopas para tapar tantas bocas.

**3729.** No es por el huevo, sino por el fuero.

**3730.** No hay hierro tan mohoso que no pueda dorarse.

**3731.** No hay plazo que no llegue/se cumpla, ni deuda que no se pague.

**3732.** No sé nada, que de mis viñas vengo.

**3733.** No temas mal incierto, ni confíes en bien cierto.

**3734.** Ni de zarza buen bocado, ni de mezquino buen dado.

**3735.** Ninguno da lo que no tiene.

**3736.** No goza de lo ganado quien de ello no se aprovecha.

**3737.** No hay mejor perro que sombra de mesonero.

**3738.** No hay peor burla que la verdadera.

**3739.** No dejes para mañana lo que puedas hacer hoy.

**3740.** Nunca vi mayor afán, que muchos hijos y poco pan.

**3741.** Ni hidalga con villano, ni villana con hidalgo.

**3742.** Ni te abatas por pobreza, ni te ensalces por riqueza.

**3743.** No es todo harina lo que blanquea.

**3744.** No hay miel sin hiel.

**3745.** No hay pecado sin pena, ni bien sin galardón.

**3746.** No saques espinas donde no hay espigas.

**3747.** Ni mesa sin pan, ni ejército sin capitán.

**3748.** No cantan bien dos gallos en un gallinero.

**3749.** No hace tanto la zorra en un año como paga en una hora.

**3750.** No es mal sastre el que conoce el paño.

**3751.** No es menos saber guardar que saber ganar.

**3752.** No está el horno para bollos.

**3753.** No hay bien que por mal no venga.

**3754.** Nada creas sino lo que veas.

**3755.** Nadie es tan ignorante que no sepa algo, ni tan sabio, que lo sepa todo.

**3756.** Nadie se muere hasta que Dios quiere.

**3757.** Ni da ni toma, como judío en sábado.

**3758.** Ninguno es más viejo de lo que parece.

**3759.** Niños y locos lo cuentan todo.

**3760.** No comerá mucho quien come mucho.

3761. No digas tu menester a quien no te ha de socorrer.

3762. No es mal ardid entrar riñendo donde os han de reñir.

3763. No hacen viejo los años, sino otros daños.

3764. No hay ausencia que mate, ni dolor que consuma.

3765. No hay cosa más sana que hacer cada uno lo que le da la gana.

3766. No hay hombre tan manso que quiera ser mandado.

3767. No hay mejor gozo que aprender de todo.

3768. No hay mujer vieja de la cinta abajo.

3769. No hay provecho propio sin daño para otro.

3770. No hay un tonto a quien no admire otro tonto.

3771. No perder, ganancia es.

3772. No seas juez entre dos amigos.

3773. No te digo que te vistas, pero ahí tienes la ropa.

3774. Novia bien dotada, esposa mal criada.

3775. Nunca falta quien dé un duro para un apuro.

3776. Nada se puede esperar de quien no tiene hogar.

3777. Nadie puede huir de lo que le ha de venir.

3778. Náufrago que vuelve a embarcar y viudo que reincide, castigo piden.

3779. Ni las feas están seguras; que nunca falta quien las procura.

3780. Ninguno que beba vino llame borracho a su vecino.

3781. Ni pueblo sin putas, ni perro sin pulgas.

3782. No des paso sin provecho.

3783. No es el mejor camino el más corto.

3784. No es persona baja el que trabaja.

3785. No hacer nada, a todos nos agrada.

3786. No hay burlas con el amor.

3787. No hay cosa oculta que no se descubra.

3788. No hay juego sin trampa.

3789. No hay moneda que no pase, ni puta que no se case.

3790. No hay pesar que no se vaya.

3791. No hay que fiar de quien no se fía.

3792. No leas muchas cosas: lee pocas y ahonda.

3793. No pidas al olmo la pera, pues no la lleva.

3794. No se ha de ser más papista que el Papa.

**3795.** No todos los que llevan espuelas tienen caballo.

**3796.** Noviazgo que mucho dura, no dará dinero al cura.

**3797.** Nunca está uno tan acompañado como cuando está solo.

**3798.** Nada sabe quien lo que le importa no sabe.

**3799.** Nadie piense que no ha menester de otro.

**3800.** Nariz larga y poco culo, vasco seguro.

**3801.** Ni lugar sin taberna, ni puta sin alcahueta.

**3802.** Ninguno nace enseñado.

**3803.** Ni seas fraile en tu tierra, ni te cases fuera de ella.

**3804.** No desesperes de auxilio divino, ni de la mujer de tu vecino.

**3805.** No es buen amigo quien explota a su amigo.

**3806.** No es tan bravo el león como le pintan.

**3807.** No hagas trampa en que caigas.

**3808.** No hay caballo tan viejo, que no dé un relincho a su tiempo.

**3809.** No hay dulzura sin amargura.

**3810.** No hay mal piloto con tiempo bueno.

**3811.** No hay muchos años sin muchos daños.

**3812.** No hay peor gente, que hombres y mujeres.

**3813.** No hay quien mal haga que se libre de la paga.

**3814.** No me hagas reír, que tengo el labio partido.

**3815.** No querer tras querer, bien puede suceder.

**3816.** No se ríe ningún hombre sin que otro llore.

**3817.** No valga más la paja que el trigo.

**3818.** Nuera, cuñada y suegra, palabras negras.

**3819.** Nunca te acostarás sin saber una cosa más.

**3820.** Nadar y nadar, y a la orilla ahogar/para morir en la orilla.

**3821.** Nadie se apresura para pagar, y todos para cobrar.

**3822.** Naipes, mujeres y vino, mal camino.

**3823.** Ni mote que escueza, ni burla que duela.

**3824.** Ninguno tiene más honra que la que le quieren dar.

**3825.** No alabes lo que no sabes.

**3826.** No digas por escrito lo que hubieres de negar.

**3827.** No es casa la casa donde no hay mujer.

**3828.** No gozar para no sufrir es regla de bien vivir.

**3829.** No hagas mal, y no habrás miedo.

**3830.** No hay cosa buena que no tenga su lado malo.

**3831.** No hay dientes sin cámaras.

**3832.** No hay mayor desprecio que el no hacer aprecio.

**3833.** No hay mozo triste ni viejo alegre.

**3834.** No hay pesares ni regocijos en la casa donde no hay hijos.

**3835.** No hay tal caudal como el ahorrar.

**3836.** No hay tonto que no se tenga por listo.

**3837.** No sabéis de la misa la media/mitad.

**3838.** No siempre los que más saben son los que más valen.

**3839.** No vendas la piel del oso antes de haberlo muerto.

**3840.** Nunca amarga el manjar, por mucha azúcar echar.

**3841.** Nunca se guisó nada a gusto de todos.

**3842.** Nada hay tan atrevido como la ignorancia.

**3843.** Nadie sabe lo que tiene, si tiene quien lo mantiene.

**3844.** Narigudas y chatas, todas se casan.

**3845.** Ni en disputas, ni con putas.

**3846.** Ninguno es tan viejo, que no pueda vivir un año, ni tan mozo, que no pueda morir hogaño.

**3847.** Niños y mujeres, dan más disgustos que placeres.

**3848.** No digas amigo a quien no vivió contigo.

**3849.** No es buen médico el que desahucia al enfermo.

**3850.** No es virtuoso quien no se alegra con la virtud de otro.

**3851.** No hay amor que no canse, ni manjar que no empalague.

**3852.** No hay beata que no sea lagarta.

**3853.** No hay en el mundo cosa, que para algo no sea provechosa.

**3854.** No hay majadero que no muera en su oficio.

**3855.** No hay modo de gustar a todos.

**3856.** No hay placer tan regalado como verse uno vengado.

**3857.** No hay secreto que no lo descubra el tiempo.

**3858.** No hay virtud ninguna que la pobreza no destruya.

**3859.** No pidas lo que negaste, ni niegues lo que pediste.

**3860.** No se fragua un casamiento sin que haya mentiras ciento.

**3861.** No te metas donde salir no puedas.

**3862.** Nueras y yernos, tenerlos lejos.

**3863.** Nunca fue desdichado amor que fue conocido.

**3864.** Nadie sabe lo que vale el agua hasta que falta.

**3865.** Ni aun al diablo ha de temer quien no teme a una mujer.

**3866.** Ni en la cama ni en la mesa es útil la vergüenza.

**3867.** Ninguno sea loado hasta después de enterrado.

**3868.** No basta a la mujer ser buena: es menester que lo parezca.

**3869.** No diga nadie: desta agua no beberé.

**3870.** No es más limpio el que más limpia, sino el que menos ensucia.

**3871.** No fíes de la fortuna, mira que es como la luna.

**3872.** No hay amor como el de madre; que los demás son humo y aire.

**3873.** No hay cosa como cantar mal para cantar mucho.

**3874.** No hay gobierno que perdure, ni mal que cien años dure.

**3875.** No hay manjar que no empalague ni vicio que no canse.

**3876.** No hay moza fea que presumida no sea.

**3877.** No hay nada nuevo bajo la capa del cielo.

**3878.** No hay quien en sus cosas sepa tanto como en las ajenas.

**3879.** No llames virtud a lo que te hace perder la salud.

**3880.** No puede gozar lo suyo cierto el que pena por lo ajeno.

**3881.** No se ha de poner toda la carne en el asador.

**3882.** No todos los días son fiestas.

**3883.** Ni carbón ni leña compres cuando hiela.

**3884.** Ni hermosa sin tacha, ni fea sin gracia.

**3885.** Ninguno tiene más edad de la que representa.

**3886.** Ni tiene padre ni madre, ni perro que le ladre.

**3887.** No críes hijo ajeno, que no sabes si te saldrá bueno.

**3888.** No es de sabios errar siempre en la misma cosa.

**3889.** No hagas bien sin saber a quién.

**3890.** No hay mal que no acabe, ni bien que sea durable.

**3891.** No hay muerte más desastrada que la vida deshonrada.

**3892.** No hay olla sin algún garbanzo negro.

**3893.** No hay sábado sin sol, ni mocita sin amor, ni viejo sin dolor.

**3894.** No la hagas y no la temas.

**3895.** No sabe lo que es descanso quien no sabe lo que es trabajo.

3896. No tanto estirar que se quiebre la cuerda.
3897. No tomes de cada uno más de lo que te diere, ni le des más de lo que te ofrece.
3898. Ni casa cabe río ni viña cabe camino.
3899. Ni hermosura sin pero, ni fealdad sin algo bueno.
3900. Ninguno tire piedras a su tejado, y menos, si lo tiene quebrado.
3901. No basta ser bueno, sino parecerlo.
3902. No desprecies a quien poco es; que algún día mucho podrá ser.
3903. No es hermoso lo hermoso, sino lo que agrada.
3904. No hay alegría sin vino.
3905. No hay mal sin pena, ni bien sin galardón.
3906. No hay mucho que no se acabe, ni poco que no alcance.
3907. No hay peor ciego que el que no quiere ver.
3908. No hay tal fruta como la que se hurta.
3909. No mezcles dos vinos: que harás venino.
3910. No sabe mandar quien no sabe obedecer.
3911. No te avergüences del oficio que tienes.
3912. No trueques amigo viejo por amigo nuevo.
3913. Ni comer sin beber, ni firmar sin leer.
3914. Ni moza fea, ni vieja hermosa.
3915. Ninguno vive tan pobre como nació.
3916. No cabíamos en casa, y parió la abuela.
3917. No hay amor sin dolor.
3918. No hay mayor tonto que el que cree tontos a los otros.
3919. No hay mujer tan buena como la ajena.
3920. No hay tal razón como la del bastón.
3921. No sirvas a quien sirvió, ni pidas a quien pidió.
3922. Nos comió el pan y nos cagó en el morral.
3923. No te cases con mujer que te gane en el saber.
3924. No va a pelo la vieja con el mozuelo.
3925. Ningún tomar es malo, como no sean palos.
3926. No cantes gloria, hasta el fin de la victoria.
3927. No hay asqueroso que no sea escrupuloso.
3928. No hay tal tirano como un alcalde villano.
3929. No ofende quien quiere, sino quien puede.

**3930.** No cabemos al fuego y parió mi suegra.

**3931.** Ni sirvas a quien sirvió, ni pidas a quien pidió, ni mandes a quien mandó.

**3932.** No hay bien conocido hasta que es perdido.

**3933.** No con quien naces, sino con quien paces.

**3934.** No hay boda sin tornaboda.

**3935.** No digas/digo quién eres, que tú te lo dirás.

**3936.** Ni todos los que estudian son letrados, ni todos los que van a la guerra soldados.

**3937.** No te hinches, y no reventarás.

**3938.** No hay peor saber que no querer.

**3939.** Nos a lo ajeno, y el diablo a lo nuestro.

**3940.** Navidad en viernes, siembra por do pudieres; en domingo, vende los bueyes y échalo en trigo.

**3941.** Ni tengo padre ni madre ni perro que me ladre.

**3942.** Nunca mucho costó poco.

**3943.** Negra es la pimienta, mas todos compran de ella.

**3944.** No siento mayor pesar que no tener qué gastar.

**3945.** No echéis agua en el vino, que andan gusarapas por el río.

**3946.** No hay mejor espejo que el amigo viejo.

**3947.** No hay tal cuña como la del mismo palo.

**3948.** Ni a rico debas ni a pobre prometas.

**3949.** Nace toda criatura, según se dice, con su ventura.

**3950.** Nadie se meta donde no le llaman.

**3951.** Ni moza adivina, ni mujer latina, ni mozo Pedro en casa.

**3952.** No hay amigo para amigo: las cañas se vuelven lanzas.

**3953.** No hay carga más pesada que la mujer liviana.

**3954.** No le arriendo la ganancia.

**3955.** No son todas palomas las que están en el montón; de ellas palominos son.

**3956.** Necio es quien piensa que otro no piensa.

**3957.** Ninguno siente de qué parte aprieta el zapato, sino el que le trae calzado.

**3958.** No hay cosa tan secreta que tarde o temprano no sea descubierta.

**3959.** No lleva/tiene pies ni cabeza.

**3960.** No son todos ruiseñores los que cantan entre las flores.

**3961.** Ni a la mujer qué llorar, ni al perro qué mear, nunca les ha de faltar.

**3962.** Ni pierdo ni gano, levántome a mi mano.

**3963.** No hay renta más segura y cierta que dejar de gastar lo que se puede excusar.

**3964.** No me llama Dios por este camino.

**3965.** Nota, que el jarro no es bota.

**3966.** Ni a todos dar, ni a necios porfiar.

**3967.** Ni rey traidor, ni Papa descomulgado.

**3968.** No hay romero que diga mal de su bordón.

**3969.** No me pesa de mi hijo que enfermó, sino de las malas mañas que tomó.

**3970.** No tiene más seso que una calabaza vana.

**3971.** Ni cabalgues en potro, ni tu mujer alabes a otro.

**3972.** No basta ser una honrada, sino parecerlo en trato y cara.

**3973.** No niego la deuda, mas no quiero pagar.

**3974.** Nuevo rey, nueva ley.

**3975.** Ni comemos, ni se muere padre; todo el año hambre; con esto fuese a la olla el mozuelo.

**3976.** No compres asno de recuero ni te cases con hija de mesonero.

**3977.** No quedó perro ni gato.

**3978.** Nunca dejes el camino llano por el atajo.

**3979.** Ni duermas en prado ni pases vado.

**3980.** No da quien quiere, sino quien tiene y quiere.

**3981.** No se menea la hoja en el árbol sin la voluntad de Dios.

**3982.** Nunca más perro al molino.

**3983.** Ni espero ni creo más de lo que veo.

**3984.** No es ninguno más viejo de cuanto lo parece.

**3985.** No se parecen más que un huevo a otro.

**3986.** Ni fea que espante, ni hermosa que mate.

**3987.** No fíes ni porfíes, ni apuestes ni desafíes.

**3988.** No se parecen más que un huevo a una castaña.

**3989.** Ni mal sin pena, ni bien sin galardón.

**3990.** No habría palabra mala si no fuese mal tomada.

**3991.** No se puede repicar y andar en la procesión.

**3992.** Ni molino sin cibera, ni sin fuego la caldera.

**3993.** No hacerla y no temerla.

**3994.** No sé qué me haga: si me tome mozo, o me entre a soldada.

**3995.** No hace más el caballero del rey: hacerle la cama, darle de comer, y echarse a dormir él.

**3996.** No se toman truchas a bragas enjutas.

## REFRANES QUE EMPIEZAN POR O

**3997.** Ojos que no ven, corazón que no siente/quiebra.

**3998.** Ocasión perdida no vuelve más en la vida.

**3999.** Oveja que bala, no da bocado/bocado que pierde.

**4000.** Otro tiempo vendrá, y el que hoy no puede, podrá.

**4001.** Olivo, vino y amigo, el mejor el más antiguo.

**4002.** Ovejas bobas, por donde va una van todas.

**4003.** Oficio ajeno, dinero cuesta.

**4004.** Oigamos, pero no creamos hasta que lo veamos.

**4005.** Oír, ver y callar, son cosas de gran preciar/recias cosas son de obrar.

**4006.** Ojo por ojo, diente por diente.

**4007.** Obrar bien, que Dios es Dios.

**4008.** Ojos verdes, duques y reyes.

**4009.** Olla sin sal, haz cuenta que no tienes manjar.

**4010.** Otro cría las gallinas y vos coméis los pollos.

**4011.** Oro es lo que oro vale.

**4012.** Otros vendrán, que bueno me harán.

**4013.** Obra empezada, medio acabada.

**4014.** Olla de muchos, mal cocinada.

**4015.** O dentro o fuera, y no de otra manera.

**4016.** Obras son amores, y no buenas razones.

**4017.** Obra común, obra de nadie.

**4018.** Ocasión y naipes a todos hacen iguales.

**4019.** Oveja de muchos, lobos se la comen.

**4020.** Obra hecha, venta espera.

**4021.** Olla, ¿por qué no cociste? Porque no me revolviste.

**4022.** Otro gallo le cantara, si buen consejo tomara.

**4023.** Ocasión llegada, no se te vaya.

**4024.** O faja, o caja.

**4025.** Ordena cada día como si fuese el postrero de tu vida.

**4026.** Otros medran por ventura, y las putas, por natura.

**4027.** O César o nada.

**4028.** Ofensa recibida, nunca se olvida.

**4029.** Oro en el arca no da ganancia.

**4030.** Oculta tu miedo a tu enemigo, porque si lo nota, eres perdido.

**4031.** Oficial de mucho, maestro de nada.

**4032.** Odia el delito y compadece al delincuente.

**4033.** ¡Oh, suerte injusta! Al rico se le muere la mujer, y al pobre, la burra.

**4034.** Odios de mortales no deben ser inmortales.

**4035.** Obras son querencias.

**4036.** O morirá el asno, o quien lo aguija.

**4037.** Obra de portal, dura poco y parece mal.

**4038.** Ovejuela de Dios, el diablo te trasquile.

**4039.** Obra comenzada, no te la vea suegra ni cuñada.

**4040.** Oyen las voces y no las razones.

**4041.** Olla cabe tizones ha menester cobertera, y la moza, do hay garzones, la madre sobre ella.

**4042.** O ayunar, o comer trucha.

**4043.** Otro que tal baila.

**4044.** Obra acabada, dinero aguarda.

**4045.** Ojos que te vieron ir, ¿cuándo te verán volver?

**4046.** O somos, o no somos.

# REFRANES QUE EMPIEZAN POR P

**4047.** Para adelgazar, poca cena, poco plato y mucho zapato.

**4048.** Paga lo que debes, sanarás del mal que tienes/y sabrás lo que tienes.

**4049.** Palos porque bogas, palos porque no bogas.

**4050.** Por la boca muere el pez, y la liebre tómanla a diente.

**4051.** Prefiero ser cabeza de ratón que cola de león.

**4052.** Paciencia piojos, que la noche es larga.

**4053.** Por la noche, todos los gatos son pardos.

**4054.** Perdiendo aprendí: más vale lo que aprendí que lo que perdí.

**4055.** Poderoso caballero es don Dinero.

**4056.** Piensa el ladrón que todos son de su condición.

**4057.** Para quien no sabe a dónde va, nunca habrá vientos favorables.

**4058.** Para llegar a la cooperación hay que salir de la dependencia y hacer noche en la rebeldía.

**4059.** Pesadumbres no pagan deudas.

**4060.** Piensa mal y acertarás, (aunque alguna vez te equivocarás).

**4061.** Por el hilo se saca el ovillo, y por lo pasado, lo no venido/y no quiero yo decirlo.

**4062.** Por un perro que maté, mataperros me llamaron.

**4063.** Procura lo mejor, espera lo peor y toma lo que viniere.

**4064.** Para el amor y la muerte no hay cosa fuerte.

**4065.** Por el canto se conoce al pájaro.

**4066.** Para los desgraciados todos los días son martes.

**4067.** Pon lo tuyo en concejo, y unos dirán que es blanco y otros que es negro.

**4068.** Por ser leal padezco mal.

**4069.** Para los bobos se hizo la mala fortuna.

**4070.** Para muestra, basta un botón.

**4071.** Por codicia del florín, no te cases con ruin.

**4072.** Pájaro viejo no entra en jaula.

**4073.** Palabra y piedra suelta, no tiene vuelta.

**4074.** Primero son mis dientes que mis parientes.

**4075.** Por no perder un bocado, se pierden ciento.

**4076.** Perdido es quien tras perdido anda.

**4077.** Perro ladrador, poco/nunca buen mordedor.

**4078.** Por malas vecindades, se pierden heredades.

**4079.** Por un oído me/le entra y por otro me/le sale.

**4080.** Pájaro que dos veces cría, pelada tiene la barriga.

**4081.** Parientes y trastos viejos, pocos y lejos.

**4082.** Poco a poco hila la vieja el copo.

**4083.** Por culpa de la bestia mataron al obispo.

**4084.** Primero es la camisa que el sayo.

**4085.** Palabras señaladas no quieren testigos.

**4086.** Pereza es llave de pobreza.

**4087.** Pies malos, caminos andan.

**4088.** Por do fueres, de los tuyos halles.

**4089.** Prenda que come, nadie la tome.

**4090.** Pan ajeno, hastío quita.

**4091.** Perrillo de muchas bodas, no come en ninguna por comer en todas.

**4092.** Pescador que pesca un pez, pescador es.

**4093.** Por la prueba se conoce al amigo.

**4094.** Por tu corazón juzgarás el ajeno.

**4095.** Pan para hoy, y hambre para mañana.

**4096.** Pelean los toros, y mal para las ramas.

**4097.** Pobreza no es vileza.

**4098.** Por dinero baila el perro, y por pan si se lo dan.

**4099.** Para los desgraciados se hizo la horca.

**4100.** Poca hiel hace amarga mucha miel.

**4101.** Por mejoría, mi casa dejaría.

**4102.** Por el alabado dejé el conocido, y vine arrepentido.

**4103.** Paga el tiro con el tiro, y el palo con el palo.

**4104.** Pan con pan, comida de tontos.

**4105.** Para el culo de una mujer y las manos de un barbero, siempre es enero.

**4106.** Para quedar mal, no necesitas ayuda.

**4107.** Para una vez que maté un perro, mataperros me pusieron.

**4108.** Pésale al perezoso que medre el hacendoso.

**4109.** Placer no comunicado no es bien logrado.

**4110.** Ponte en lo peor, y acertarás de tres, dos.

**4111.** Por medios poco nobles buscan el mando los hombres.

**4112.** Por santos o por diablos, hágase el milagro.

**4113.** Prado común, hierba corta.

**4114.** ¿Prometiste? Deudor te hiciste.

**4115.** Putas en Cuaresma, mal comen, pero bien rezan.

**4116.** «Palpo, pues no veo», decía a la moza el ciego.

**4117.** Para conservar amistad, pared en medio.

**4118.** Para prosperar, vender y comprar.

**4119.** Para torear y para casarse, hay que arrimarse.

**4120.** Perro muerto, ni muerde ni ladra.

**4121.** Pieza tocada, pieza jugada.

**4122.** Poner toda la carne en el asador no es lo mejor.

**4123.** Por el bailar suele la doncella resbalar.

**4124.** Por más jabón que se dé, la negra, negra es.

**4125.** Por San Juan, suelta tu gabán.

**4126.** Por virtud el bueno no peca, y el malo, por la pena.

**4127.** Prometer es por sacar.

**4128.** Pues mi mal deseas, antes ciegues que tal veas.

**4129.** Puta y chata, con lo segundo basta.

**4130.** Palabra dada, escritura firmada.

**4131.** Para aprender, nunca es tarde.

**4132.** Para el tiempo que he de estar en este convento, cágome dentro.

**4133.** Para tener, retener.

**4134.** Para un roto hay siempre un descosido.

**4135.** Piensa el mentiroso que así es el otro.

**4136.** Placer para los curas, abrir cada día la sepultura.

**4137.** Por el arenal se anda poco y mal.

**4138.** Porfía mata venado; que no venablo.

**4139.** Por quítame allá esas pajas se hacen los hombres rajas.

**4140.** Por el sol que haga, no dejes tu capa en casa.

**4141.** Principio quieren las cosas.

**4142.** Pronto y bien rara vez juntos se ven.

**4143.** Puta siempre a la puerta, mal anda la tienda.

**4144.** Palabras melosas, siempre engañosas.

**4145.** Pan y cebolla, con gusto, saben a gloria.

**4146.** Para luego es tarde.

**4147.** Para recibir dinero, todo tiempo es bueno.

**4148.** Pelillos a la mar, y lo pasado olvidar/para nunca desquitar.

**4149.** Pican más los celos que las pulgas.

**4150.** Poco a poco llegaremos antes.

**4151.** Por detrás, del mismo rey te burlarás.

**4152.** Por hacer rico a mi yerno, por poco no fui al infierno.

**4153.** Por probar, nada se pierde.

**4154.** Por todas partes se va a Roma.

**4155.** Primero es Dios que los santos.

**4156.** Prueba primero al amigo, antes de probar su abrigo.

**4157.** Palos con gusto no duelen.

**4158.** Para aprender es menester padecer.

**4159.** Para pronto medrar, o heredar, o hurtar.

**4160.** ¿Para qué quieres mirar lo que no conviene desear?

**4161.** Patria, santa palabra, si no fuera tan profanada.

**4162.** Pian piano se va a lontano.

**4163.** Poco a poco se anda todo.

**4164.** Por besos y abrazos a nadie han ahorcado.

**4165.** Por la color se vende el paño.

**4166.** Por poco dinero, poca manteca.

**4167.** Por todo abril no te descubrir.

**4168.** Primero, pensar, y después, hablar.

**4169.** Puerta abierta, al santo tienta.

**4170.** Pan y vino, para el camino.

**4171.** Para olvidar un querer, tres meses de no ver.

**4172.** Para ser puta y no ganar nada, más vale ser mujer honrada.

**4173.** Para volver a la buena senda, cualquier hora es buena.

**4174.** Pide mucho, y obtendrás algo.

**4175.** Pobre importuno/porfiado, saca mendrugo.

**4176.** Por echar una cana al aire, no se perdió nadie.

**4177.** Porfiar, para alcanzar.

**4178.** Porque otro se tire por un balcón, no voy a tirarme yo.

**4179.** Por tu vestido te harán honra; no por tu persona.

4180. Primero son los presentes que los ausentes.

4181. Para hacer las cosas bien, guarda en todo un ten con ten.

4182. Para saber mandar, es preciso saber obedecer.

4183. Penas solas no matan; pero ayudan a morir.

4184. Pensar ajeno no quita el sueño.

4185. Pobre alegre sea yo, y rico triste no.

4186. Por donde más ha pecado, es el hombre castigado.

4187. Por los ojos entran los antojos.

4188. Por mucho trigo, nunca mal año.

4189. Por una paja se pega fuego al molino.

4190. Preguntas suele haber a que no hay que responder.

4191. Para pleitos, putas y juegos, nunca faltan dineros.

4192. ¿Para qué es tanto allegar, pues que acá se ha de quedar?

4193. Perdonar al malo es dar al bueno un palo.

4194. Pesar compartido, pronto es ido.

4195. Para tan poca salud, mejor/más vale morirse.

4196. Por donde entra la cabeza, todo el cuerpo entra.

4197. Porque un borrico te dé una coz, ¿vas tú a darle dos?

4198. Por un mal chiste un buen amigo perdiste.

4199. Preguntando, preguntando, sabe el necio más que el sabio.

4200. Para poca salud, más vale morirse.

4201. Para que el vino sepa a vino, se ha de beber con un amigo.

4202. Piensa el bobo que él lo sabe todo.

4203. Poco vale ganar sin guardar.

4204. Por buen trabajo, mal galardón.

4205. Por mucho que un hombre se afane, hay quien le gane.

4206. Portero de frailes, no pregunta al que llega «¿Qué quiere?», sino «¿Qué trae?»

4207. Primero es la obligación que la devoción.

4208. Para la mujer borracha, el mejor remedio es la estaca.

4209. Para sentenciar un pleito es menester oír a las dos partes.

4210. Por do pasa, moja.

4211. Predicar en desierto, sería gran desacierto.

4212. Palabras y plumas, el viento las lleva/tumba.

4213. Preguntadlo a Muñoz, que miente más que yo y que

vos/dos.

4214. Para cada puerco hay su San Martín.

4215. Pon tu hacienda en consejo: uno hace blanco y otro bermejo.

4216. Peor es lo roto que lo descosido.

4217. Piensan los enamorados que los otros tienen los ojos quebrados.

4218. Perro que mucho ladra, poco muerde.

4219. Por demás es la cítola en el molino, si el molinero es sordo.

4220. Perro que ladra no muerde.

4221. Pan para mayo y leña para abril, y el mejor cepón para mayo lo compón.

4222. Pensar muchas y hacer una.

4223. Por mucho pan, nunca mal año.

4224. Puridad de dos, puridad de Dios; puridad de tres, de todos es.

4225. Para un alfiler, tres son menester.

4226. Pon tu cabeza entre mil, lo que fuere de los otros será de ti.

4227. Preso por uno, preso por ciento.

4228. Partir como hermanos: lo mío, mío; lo tuyo, de entrambos.

4229. Por turbia que esté, no digas de esta agua no beberé.

4230. Pues no va Mahoma al otero, vaya el otero a Mahoma.

4231. Paciencia y barajar.

4232. Págase el rey de la traición, mas no del traidor.

4233. Para todo hay remedio, sino para la muerte.

4234. Perdónalo tú, Señor, que no sabe lo que hace.

4235. Poda corta y bien labrada, hace la viña afirmada.

4236. Por herrar y dar cebada nunca se perdió jornada.

4237. Por San Simón y Judas cogidas son las uvas; también las verdes como las maduras.

4238. Pajarico que escucha el reclamo, escucha de su daño.

4239. Parece hecho por arte de encantamiento.

4240. Perro viejo no ladra en vano.

4241. Poda tardío y siembra temprano; si errares un año, no

errarás cuatro.

**4242.** Por la puente se va a casa, que no por el agua.

**4243.** Por Santa Cruz y San Cebriano siembra en cuesta y siembra en llano.

**4244.** Palabras de santo y uñas de gato.

**4245.** Penséme santiguar, y quebréme el ojo.

**4246.** Pescador de anzuelo, vuelve a su casa con duelo.

**4247.** Por agua de cielo no dejes tu riego.

**4248.** Por más que diga mi madre, quien bien quiere olvida tarde.

**4249.** Por Santa Marina ve a ver tu viña; cual la hallares, tal la vendimia.

**4250.** Palo de ciego y coz de muleto.

**4251.** Penseque, asneque y burreque, todos son hermanos.

**4252.** Pescador de caña, más come que gana.

**4253.** Por carta de más o por carta de menos, se pierden los juegos.

**4254.** Por muerte de rey y entrada de arzobispo.

**4255.** Por San Vicente alza la mano de simiente.

**4256.** Palo tuerto, nunca bien derecho.

**4257.** Pensé que no tenía marido y comíme la olla, y cuando le vi enmudecí, cegué y embacé.

**4258.** Pescar con anzuelo de plata es pesca más barata.

**4259.** Por eso el diablo sabe mucho, porque es viejo.

**4260.** Por San Andrés toma el puerco por los pies, y si no le puedes tomar, déjale estar hasta Navidad.

**4261.** Por señas al liberal y con palabras al duro de dar.

**4262.** Pan de boda, otro lo coma.

**4263.** Perdiz emperdigada, a dos vueltas es asada.

**4264.** Peso y medida mantiene en paz la villa.

**4265.** Por eso soy yo mala, porque digo las verdades y riño lo malo a la clara.

**4266.** Por San Andrés, sementera es; por Santa Catalina, sementerina.

**4267.** Por Todos los Santos, la nieve en los campos.

**4268.** Pan de un día, pan de vida; pan de dos, pan de Dios; pan de tres, pan se es.

**4269.** Peor es menearlo/hurgarlo.

**4270.** Piedra movediza, nunca moho la cobija.

**4271.** Porfiar, mas no apostar.

**4272.** Por San Gil, enciende tu candil.

**4273.** Por uno bueno, hay ciento malos.

**4274.** Pan que sobre, carne que baste y vino que falte.

**4275.** Pintar como querer, matar moros en pared.

**4276.** Por San Justo y Pastor entran las nueces en sabor, y las mozas en amor, y las viejas en dolor.

**4277.** Preguntando se va/van a Roma.

**4278.** Para mal maridar, más vale nunca casar.

**4279.** Por San Lucas suelta el buey de la coyunda, mata el puerco y tapa la cuba.

**4280.** Prometen el oro y el moro.

**4281.** Por San Matías igualan noches con los días.

**4282.** Púsele cual digan dueñas.

# REFRANES QUE EMPIEZAN POR Q

**4283.** Quien mucho abarca/abraza, poco aprieta.

**4284.** Quien hace fiesta todos los días no tiene domingos.

**4285.** Que cada palo aguante su vela.

**4286.** Que se case, que alegra, aunque luego lleve la vida negra.

**4287.** Que te den lo que no supe darte, aunque yo te lo haya dado todo.

**4288.** Quien hambre tiene, en pan piensa.

**4289.** Quien canta su mal/sus males espanta.

**4290.** Querer es poder.

**4291.** Quien a hierro mata, a hierro muere.

**4292.** Quien compra ha de tener cien ojos; a quien vende le basta uno solo.

**4293.** Quien con niños se acuesta, cagado se levanta.

**4294.** Quien con perros se echa, con pulgas se levanta.

**4295.** Quien no castiga, malcría.

**4296.** Quien espera, desespera.

**4297.** Quien hace la ley hace la trampa.

**4298.** Quien domina a su cólera domina a su peor enemigo.

**4299.** Quien mal anda, mal acaba.

**4300.** Quien paga manda.

**4301.** Quien vive soñando, muere cagando.

**4302.** Quien poco tiene pronto lo gasta.

**4303.** Quien por su gusto padece, (que) vaya al infierno a quejarse.

**4304.** Quien quiera saber, que compre un viejo/estudie.

**4305.** Quien da primero, da dos veces.

**4306.** Quien todo lo quiere, todo lo pierde.

**4307.** Quien quita lo que da al infierno va.

**4308.** Quien dice lo que siente, ni peca ni miente.

**4309.** Quien se pica, ajos come.

**4310.** Quien teme la muerte, no goza la vida.

**4311.** Quien debe y paga, descansa.

**4312.** Quien tiene din, tiene don.

**4313.** Quien no sabe de abuelo, no sabe de bueno.

**4314.** Quien tiene argen, tiene todo bien.

**4315.** Quebrásteme la cabeza, y ahora me untas el casco.

**4316.** Quien mal canta, bien le suena.

**4317.** Quien mal adquiere, mal tiene.

**4318.** Quien mal hace, aborrece la claridad.

**4319.** Quien mucho duerme, poco aprende/vive.

**4320.** Quien es amigo del vino, enemigo es de sí mismo.

**4321.** ¡Qué buen manjar, sino por el escotar!

**4322.** Quien fue a Sevilla, perdió su silla.

**4323.** Quien no arriesga, no gana.

**4324.** Quitada la causa, se quita el pecado/cesa el efecto.

**4325.** Quien te hace fiestas que no te suele hacer, o te quiere engañar, o te ha menester.

**4326.** Quien deja de ser amigo no lo fue nunca.

**4327.** Quien ama el peligro, en él perece.

**4328.** Quien dice de mí, mírese a sí.

**4329.** Quien tiene cuatro y gana cinco, no ha de menester bolsico.

**4330.** Quien a muchos amos sirve, a algunos ha de hacer falta.

**4331.** Quien bien está, no se mueva.

**4332.** ¿Qué aprovecha candil sin mecha?

**4333.** Quien calla, otorga/ni otorga ni niega.

**4334.** Quien tiene boca, se equivoca/va a Roma.

**4335.** Quien a buen árbol se arrima, buena sombra le cobija.

**4336.** Quien te da un hueso, no te quiere ver muerto.

**4337.** Quien a otro sirve, no es libre.

**4338.** Quien tuvo, retuvo.

**4339.** Quien sus propósitos parla, no se casa.

**4340.** Quien hace lo que quiere, no hace lo que debe.

**4341.** Quien adelante no mira, atrás se queda/halla.

**4342.** Quien a los suyos se parece, honra merece.

**4343.** Quien busca, halla/encuentra.

**4344.** Quien dijo hermano, dijo herir con la mano.

**4345.** Quien no calla lo suyo, ¿cómo callará lo tuyo?

**4346.** Quien no sabe qué es guerra, vaya a ella.

**4347.** Quien siembra vientos, recoge tempestades.

**4348.** Quien bien baila, de boda en boda se anda.

4349. Quien bien te quiere, te hará llorar/sufrir.

4350. Quien en un año quiere ser rico, al medio le ahorcan.

4351. Quien más tiene, más quiere.

4352. Quien no oye consejo, no llega a viejo.

4353. Quien quita la ocasión/causa, quita el pecado.

4354. Quien bien siembra, bien recoge.

4355. Quien calla, piedras apaña.

4356. Quien mal casa, tarde enviuda.

4357. Quien mete el hocico en todo, a veces se llena de lodo.

4358. Quien posee, no pleitee.

4359. Quien siempre me miente, nunca me engaña.

4360. Quien bien ama/quiere, tarde/nunca olvida.

4361. Quien dice lo que no debe, oye lo que no quiere.

4362. Quien el aceite mesura, las manos se unta.

4363. Quien más mira, menos ve.

4364. Quien pierde el primer punto, pierde mucho.

4365. Quien bien te hará, o se te irá, o se te morirá.

4366. Quien bien tiene y mal escoge, del mal que le venga no se enoje.

4367. Quien pregunta, no yerra, si la pregunta no es necia.

4368. Quien no asegura, no prende.

4369. Quien tiene un amigo, tiene un tesoro.

4370. ¡Qué buenos semos mientras comemos!

4371. ¿Qué va del culo a las cuatro témporas?

4372. Quiebra la soga por lo más delgado.

4373. Quien anda entre el fuego, quémase luego

4374. Quien a otros ofende, siempre la venganza teme.

4375. Quien bien ama, bien aguarda.

4376. Quien casa con rica vieja, cama ruin y buena mesa.

4377. Quien consulta, aprobación busca.

4378. Quien de esperanzas vive, de hambre muere.

4379. Quien dineros tiene, la justicia tuerce.

4380. Quien entra a meter paz, descalabrado sal.

4381. Quien forma juicios de pronto, es hombre alocado o tonto.

4382. Quien juega de burlas, pierde de veras.

4383. Quien malas mañas tiene, tarde o nunca las pierde.

**4384.** Quien más sabe, más duda.

**4385.** Quien mucho anda, poco ataja.

**4386.** Quien mucho se apresura, más tarde acaba.

**4387.** Quien no cree a buena madre, cree a mala madrastra.

**4388.** Quien no la pega, la piensa.

**4389.** Quien no se consuela, es porque no quiere.

**4390.** Quien no tiene vergüenza, da por suya toda la tierra.

**4391.** Quien poco lee, poco aprende.

**4392.** Quien se afeita y no bebe vino, o no tiene dinero, o no tiene amigos.

**4393.** Quien sigue, consigue.

**4394.** Quien quiera tener mujer eterna, que se case con una enferma.

**4395.** Quien te administra, a tu costa se suministra.

**4396.** Quien tiene fortuna, desde la cuna.

**4397.** Quien tiene un buen libro, tiene un buen amigo.

**4398.** Quien tuvo y ya no tiene, con sus memorias se entretiene.

**4399.** Quien venga detrás, que arree.

**4400.** ¿Qué más da chicha que limoná?

**4401.** Quererte y abrazarte, hasta estrujarte; pero el dinero es cosa aparte.

**4402.** Quien a dos señores ha de servir, al uno ha de mentir.

**4403.** Quien amenaza a su enemigo, no las tiene todas consigo.

**4404.** Quien a otro ha de matar, antes ha de madrugar.

**4405.** Quien bien alterca, bien merca.

**4406.** Quien caza sin galgos, vuelve sin liebres.

**4407.** Quien cuentas no lleve, nunca sabrá lo que tiene.

**4408.** Quien del traidor se fía, lo sentirá algún día.

**4409.** Quien engañado no quiera ser, cien ojos ha de tener.

**4410.** Quien estudia y no entiende, nada aprende.

**4411.** Quien huéspedes tiene, ni come ni caga cuando quiere.

**4412.** Quien lo feo ama, bello lo haya.

**4413.** Quien mal tiene en el trasero, no puede estar quedo.

**4414.** Quien más sabe, menos presume.

**4415.** Quien mucho corre, pronto para.

**4416.** Quien mucho tiene, más espera.

**4417.** Quien no es mi amigo, es mi enemigo.

**4418.** Quien no sabe mentir, creerá cuanto oyere decir.

**4419.** Quien no tiene dinero, que ponga el culo por candelero.

**4420.** Quien pide prestado, se pone colorado; colorado una sola vez, y pálido, diez.

**4421.** Quien por delante te alaba, por detrás te saca mil faltas.

**4422.** Quien sabe ceder, sabe vencer.

**4423.** Quien se queja, algo le duele.

**4424.** Quien suspira, su pesar alivia.

**4425.** Quien te adula, algo busca.

**4426.** Quien tiene, retiene.

**4427.** Quien todo lo afirma, nada concede.

**4428.** Quien vende barato, vende doblado.

**4429.** ¿Quieres conocer al amo? Mira a su criado.

**4430.** Queréis comprar mulo sin boca ni culo.

**4431.** Querer sanar es media salud.

**4432.** Quien administra tus bienes, por suyos los tiene.

**4433.** Quien a muchos ha de mantener, mucho ha de tener.

**4434.** Quien a su amigo prueba, casi siempre saca en claro que no lo era.

**4435.** Quien boca tiene, comer quiere.

**4436.** Quien castiga a su mujer, da qué hablar y qué creer.

**4437.** Quien cuenta, algo añade por su cuenta.

**4438.** Quien de su tierra no sale, poco vale.

**4439.** Quien en julio no trabaja, para el invierno, ¿qué guarda?

**4440.** Quien está a las maduras, que esté a las duras.

**4441.** Quien honradamente quiera ganar, lo ha de sudar.

**4442.** Quien lleva amigos a su casa, no se queje si mal lo pasa.

**4443.** Quien mal escupe, dos veces se limpia.

**4444.** Quien muchas cosas emprende, a ninguna atiende.

**4445.** Quien mucho jura, su descrédito procura.

**4446.** Quien no conoce coja, de Venus no goza.

**4447.** Quien no dice lo que quiere, de tonto se muere.

**4448.** Quien no muda mujer, no sabe placer.

**4449.** Quien no tiene dineros, nunca tiene razón.

**4450.** Quien pide, a dar se obliga.

**4451.** Quien por padre alcalde tiene, hace lo que quiere.

**4452.** Quien roba a un ladrón, ha cien años de perdón.

**4453.** Quien se guarda, Dios le guarda.

**4454.** Quien sirve al diablo, no espere buen pago.

**4455.** Quien te dice la copla, ese te la hace.

**4456.** Quien tiene miedo, estese en su casa quedo.

**4457.** Quien tinto lo bebe y blanco lo mea, algo le queda.

**4458.** Quien vende, remata; quien compra, de ser rico trata.

**4459.** Quien, ya muerto el burro, pienso le echó, tarde acordó.

**4460.** Que le engañé, que dije que había cenado y no cené.

**4461.** ¿Qué sabe un burro lo que es un caramelo?

**4462.** Quien acaba primero, ayuda a su compañero.

**4463.** Quien a nadie debe, a nadie teme.

**4464.** Quien a putas se da, mucho no vivirá.

**4465.** Quien bien come, bien trabaja.

**4466.** Quien castiga con ira, más se venga que castiga.

**4467.** Quien contra el aire quiere mear, por fuerza se ha de mojar.

**4468.** Quien del trabajo huye, su porvenir destruye.

**4469.** Quien enferma de locura, o sana tarde o nunca.

**4470.** Quien es de buen natural, de nadie habla mal.

**4471.** Quien hace lo que puede, hace lo que debe.

**4472.** Quien la vergüenza perdió, nunca de menos la echó.

**4473.** Quien más jura, miente más.

**4474.** Quien mea y no pee, es como quien va a la escuela y no lee.

**4475.** Quien mucho habla, a ninguno escucha/mucho yerra.

**4476.** Quien nada tiene, a nadie teme.

**4477.** Quien no habla, no es oído.

**4478.** Quien no pasa por la calle de la Pasa, no se casa.

**4479.** Quien no tiene memoria, que tenga pies.

**4480.** Quien personas compara, a alguna agravia.

**4481.** Quien primero llega, primero besa.

**4482.** Quien recibió, hable; quien dio, calle.

**4483.** Quien se mete a redentor, lo crucifican.

**4484.** Quien solo vive, solo muere.

**4485.** Quien te visita en la boda y no en enfermedad, no es amigo de verdad.

**4486.** Quien tiene hija soltera, no diga de la ajena.

4487. Quien tiene vecinos, tiene enemigos.
4488. Quien vende a tocateja, no tiene rabos de cuentas.
4489. Quien vive de recuerdos, vive entre muertos.
4490. ¡Qué lindo don Diego, si no fuera muerto!
4491. Querer por solo querer, en pocos se llegó a ver.
4492. Quien acierta en el casar, nada le queda que acertar.
4493. Quien a la guerra se va, volverá o no volverá.
4494. Quien aprueba lo malo, reprueba lo bueno.
4495. Quien bien pesa, no gana.
4496. Quien casa por amores, malos días y buenas noches.
4497. Quien con vino se acuesta, con agua almuerza.
4498. Quien de otros te habla mal, a otros de ti lo hará.
4499. Quien dineros tuviere, hará lo que quisiere.
4500. Quien fama ensucia, lávala tarde o nunca.
4501. Quien honra a su mujer, se honra a sí mismo.
4502. Quien juzga la vida ajena, mire si la suya es buena.
4503. Quien mal quiere a los suyos, ¿cómo querrá bien a los tuyos?
4504. Quien más trabaja, menos gana.
4505. Quien mucho come y mucho bebe, hace lo que debe.
4506. Quien muchos oficios tiene, con ninguno se mantiene.
4507. Quien no cree a mala madre, cree a mala madrastra.
4508. Quien no lo sabe mear, no lo debe ni probar.
4509. Quien no se osa aventurar, no pasa la mar.
4510. Quien no tiene vergüenza, en todas partes almuerza.
4511. Quien poco sabe, presto lo reza.
4512. Quien quisiere mentir, atestigüe con muertos.
4513. Quien se casa, mal lo pasa.
4514. Quien sigue dos liebres, ambas pierde.
4515. Quien te alaba, te engaña.
4516. Quien tiene la sartén por el rabo, ese es tu amo.
4517. Quien tiene un hijo solo, hácelo tonto.
4518. ¿Quieres tener buen criado? Sírvete por tu amo.
4519. Quien afecta despreciar, es porque quiere comprar.
4520. Quien al cielo escupe, en la/en su cara le cae.
4521. Quien a otro hospeda, antes de tres días reniega.
4522. Quien bien se aconseja, nunca yerra.

**4523.** Quien comiendo es callado, no pierde bocado.

**4524.** Quien corteja a la casada, lleva la vida jugada.

**4525.** Quien de ligero promete, despacio se arrepiente.

**4526.** Quien en piedra se sentó, dos veces se alegró: una al sentarse y otra al levantarse.

**4527.** Quien fía su mujer de un amigo, a la frente le saldrá el castigo.

**4528.** Quien habla, descansa; y quien cuenta sus males, menos malos los hace.

**4529.** Quien la deja tuerta, que cargue con ella.

**4530.** Quien más anda, más se cansa.

**4531.** Quien me presta, me gobierna.

**4532.** Quien mucho lo piensa, más lo yerra.

**4533.** Quien mucho tiene, a muchos teme.

**4534.** Quien no es para sí, no es para otro.

**4536.** Quien no muda marido, no medra vestido.

**4537.** Quien no sirve para casado, que no engañe a la mujer.

**4538.** Quien no va, no caerá.

**4539.** Quien por detrás me infama, con mi culo habla.

**4540.** Quien sabe leer y escribir, a todas partes puede ir.

**4541.** Quien se enoje, dos trabajos tiene, y tres si no come.

**4542.** Quien sirve al altar, de él se ha de sustentar.

**4543.** Quien te enseña el bien, ese te quiere bien.

**4544.** Quien tiene madre, muérasele tarde.

**4545.** Quien trabaja, agua bebe, y vino quien se divierte.

**4546.** Quien algo te da, algo te pedirá.

**4547.** Quien a sí propio de alaba, en su mérito se caga.

**4548.** Quien comió la carne, que roya el hueso.

**4549.** Quien da pan a perro ajeno, pierde el pan y pierde el perro.

**4550.** Quien descuella, la envidia despierta.

**4551.** Quien habla por refranes es un saco de verdades.

**4552.** Quien la hace, la paga.

**4553.** Quien más no puede, con su mal se muere/morir se deja.

**4554.** Quien mucho abraza y besa, no hará mayor proeza.

**4555.** Quien mucho mira los fines, no acomete gran hecho.

**4556.** Quien nada agradece, cualquier mal merece.

**4557.** Quien no gusta del vino, de Dios espera el castigo.

**4558.** Quien no se atreve, no vence.

**4559.** Quien no tiene abuela que le alabe, él se lo hace.

**4560.** ¿Quién pasa por la fuente, que no bebe?

**4561.** Quien por lo mucho deja lo poco, suele perder lo uno y lo otro.

**4562.** Quien salud no tiene, de todo bien carece.

**4563.** Quien se levanta, hace sombra.

**4564.** Quien sirve a ruines, tal pago saca.

**4565.** Quien te pregunta lo que conoce, lazo es que te pone.

**4566.** Quien tiene padrino es quien se bautiza.

**4567.** Quien tiene y retiene, siempre tiene.

**4568.** Quien a lo que se hace está presente, si calla, lo consiente.

**4569.** Quien a su padre se parece, no desmerece.

**4570.** Quien de amigos carece, es porque no los merece.

**4571.** Quien desprecia la razón, atiende al coscorrón.

**4572.** Quien enseña su dinero, convida al ratero.

**4573.** Quien hace mal, aborrece la claridad.

**4574.** Quien lo gana lo gasta.

**4575.** Quien más puede, más tiene.

**4576.** Quien mucho adivina, en algo acierta.

**4577.** Quien mucho sabe, más ignora.

**4578.** Quien nada tiene, con poco está alegre.

**4579.** Quien no gusta del vino, tiene otros peores vicios.

**4580.** Quien no se casó, de mil males se libró.

**4581.** Quien no tiene con quien duerma, con su madre se acuesta.

**4582.** Quien penas no tiene, por el camino le vienen.

**4583.** Quien promete y no da, mala fama cobrará.

**4584.** Quien siembra en mala tierra, solo coge hierba.

**4585.** Quien su mujer alaba a otro, o convida con ella, o es tonto.

**4586.** Quien tiene pleito, pierde el sueño.

**4587.** Quien anda con buenos, parece uno de ellos.

**4588.** Quien a una bestia hace mal, es más bestia que el animal.

**4589.** Quien de todos es amigo, de ninguno es amigo.

**4590.** Quien en su mal consiente, a nadie se queje.

**4591.** Quien huye, algo teme.

**4592.** Quien llora mucho, poco mea.

**4593.** Quien no ama a su tierra, ¿por qué vive en ella?

**4594.** Quien no la corre de mozo, la corre de casado.

**4595.** Quien no tiene mujer hermosa, bésala tiñosa.

**4596.** Quien poca tierra labra y bien cultiva, que ponga al granero vigas.

**4597.** Quien quiera peces, que se moje el culo.

**4598.** Quien siembra odio, recoge venganza.

**4599.** Quien supo servir, sabe ser servido.

**4600.** Quien tiene por qué callar, no ha de hablar.

**4601.** Quien trajo lo antecedente, apeche con lo consiguiente.

**4602.** Quien a mi casa no viene, en la suya no me quiere.

**4603.** Quien a viejo quiera llegar, a los viejos ha de honrar.

**4604.** Quien de tu mal no te advierte, mal te quiere.

**4605.** Quien en ti se fía, no le engañes.

**4606.** Quien no corre, vuela.

**4607.** Quien quiera prosperar, empiece por madrugar.

**4608.** Quien tarde se determina, jamás se arrepiente.

**4609.** Quien tiene tierras, esté sobre ellas.

**4610.** Quien dice lo que no siente, miente.

**4611.** Quien bien tiene y mal escoge, por mal que le venga no se encoje.

**4612.** ¿Quién te enriqueció? —Quien te gobernó.

**4613.** Quien lengua ha, a Roma va.

**4614.** Quien peces quiere, el rabo se remoja.

**4615.** ¿Quién os hizo alcalde? Mengua de hombres buenos.

**4616.** Qué se me da más ocho que ochenta, si todos los ochos son dieces.

**4617.** Quitar de un santo y componer otro.

**4618.** Quien hace un cesto, hará ciento, si tiene mimbres y tiempo.

**4619.** Quien pronto se determina, pronto se arrepiente.

**4620.** Quien no te conoce, te compre.

**4621.** Quien ha oficio, ha beneficio.

**4622.** Quien no sabe callar, no sabe hablar.

**4623.** Quiéreme por lo que os quiero, no me hables de dinero.

**4624.** Quien amaga y no da, miedo ha.

**4625.** Quien hurta al ladrón, cien días gana de perdón.

**4626.** Quien siembra espinas, abrojos coge.

**4627.** Quien de presto se determina, despacio se arrepiente.

**4628.** Quien malas mañas ha, tarde o nunca las perderá.

**4629.** Quien tal hace, que tal pague.

**4630.** Quien destaja, no baraja.

**4631.** Quien no cae, no se levanta.

**4632.** Quien no vido Lisboa, no vio cosa boa.

**4633.** ¡Qué bonita es la vergüenza! Mucho vale y poco cuesta.

**4634.** Quien guarda, halla, y guardaba la cascarria.

**4635.** Quien se levanta tarde, ni oye misa ni toma carne.

**4636.** Quien canta, sus males espanta.

**4637.** Quien presta, no cobra; si cobra, no todo; si todo, no tal; y si tal, enemigo mortal.

**4638.** ¿Quién es tu enemigo? Hombre de tu oficio.

**4639.** Quien hizo la ley, hizo la trampa.

**4640.** Quien mal casa, siempre llora.

**4641.** ¡Qué tres, si fueran cuatro, para pies a un banco!

**4642.** Quien mal dice, peor oye.

**4643.** Quien tuvo y retuvo, guardó para adelante.

**4644.** Quien malos caminos anda, malos abrojos halla.

**4645.** Quien va a la guerra, come mal y duerme en la tierra.

**4646.** Quien todo lo da, todo lo niega.

**4647.** Quitar de las faldas y echar en las mangas.

**4648.** Quien mal oye, mal responde.

**4649.** Quien vende el trigo en la era, y la lana en la tijera, y el queso en el cincho, y el vino en mosto, el provecho da a otro.

**4650.** Quien más mete, más pierde.

**4651.** Quien roba el as, o tiene muchas o no tiene más.

**4652.** Quien viene a mesa puesta no sabe lo que cuesta.

**4653.** Quien me hace más merced que me suele hacer, o me quiere comprar o me quiere vender.

**4654.** Quien tiene muchos hijos y tiene poco pan, tómelos por la mano y dígalos un cantar.

**4655.** Quien miel se hace, moscas le comen.

**4656.** Quien presto promete, tarde lo cumple y presto se arrepiente.

**4657.** Quien tarde se levanta, todo el día trota.

**4658.** Quien pregunta lo que no debe, oye lo que no quiere.

**4659.** Quien ruin es en su tierra, ruin es fuera de ella.

**4660.** Quien tiene el tejado de vidrio, no tire piedras al de su vecino.

## REFRANES QUE EMPIEZAN POR R

**4661.** Riñen a menudo los amantes, por el gusto de hacer las paces.

**4662.** Rico de repente, o heredero, o mala gente.

**4663.** Renovarse o morir.

**4664.** Rápido y bien no siempre marchan juntos.

**4665.** Recibir es mala liga, que el que toma a dar se obliga.

**4666.** Reinos y dineros no quieren compañeros.

**4667.** Reniego del amigo que cubre con las alas y muerde con el pico.

**4668.** Reprende las vidas ajenas con buen ejemplo y no con dicho ni cuento.

**4669.** Resbalón y tropezón, avisos de caída son.

**4670.** Rico es el que nada desea y el que nada debe.

**4671.** Ruin que se convida, deja a todos sin comida.

**4672.** Ríese el diablo cuando el hambriento da al harto.

**4673.** Recibir beneficio es vender la libertad.

**4674.** Remendar bien no sabe todo alfayate nuevo.

**4675.** Riñen los pastores y se descubren los hurtos.

**4676.** Ratón que no sabe más que un horado, presto es cazado.

**4677.** Revueltas andan las cosas: las ortigas con las rosas.

**4678.** Remienda tu paño y pasarás tu año.

**4679.** Ruin sea quien por ruin se tiene.

**4680.** Rábanos y queso traen la corte en peso.

**4681.** Regla y compás, cuanto más, más.

**4682.** Ruego de rey mandato es.

**4683.** Riñas de enamorados, amores doblados.

**4684.** Rubias y morenas sacan a un hombre de penas.

**4685.** Rico eres de bienes, si te bastan los que tienes.

**4686.** Remedios por fuera, no hacen daño.

**4687.** Riñen los amantes, y quiérense más que antes.

**4688.** Rosa que muchos huelen, su fragancia pierde.

**4689.** Reniego del amigo que se come lo suyo solo, y lo mío conmigo.

**4690.** ¿Riñen los amos? Mal para los criados.

**4691.** Reniego del caballo que no relincha al ver la yegua.

**4692.** Rogamos a Dios por santos; mas no por tantos.

**4693.** Romero afito/hito, saca zatico.

**4694.** Regostóse la vieja a los bledos, ni dejó verdes ni secos.

**4695.** Ramo corto y vendimia larga.

**4696.** Rucio rodado, antes muerto que cansado.

**4697.** Rey, por natura, y Papa, por ventura.

**4698.** Rascar y comer, comienzo han menester.

**4699.** Rebuznaron en balde el uno y el otro alcalde.

**4700.** Rey muerto, rey puesto; empero más vale el vivo que el muerto.

**4701.** Riñen las comadres y dícense las verdades.

**4702.** Regalado y tratado como cuerpo de rey.

# REFRANES QUE EMPIEZAN POR S

**4703.** Si al hablar no has de agradar es mejor callar.

**4704.** Se parece al padre, honra a la madre.

**4705.** Si te he visto/vi, no me acuerdo.

**4706.** Suele caerse la paciencia cuando la cargan de injurias.

**4707.** Se dice el pecado, pero no el pecador.

**4708.** Si vale la pena hacerlo, vale la pena hacerlo bien.

**4709.** Santa Rita, Rita, Rita, lo que se da, no se quita.

**4710.** Siempre llueve sobre mojado.

**4711.** Si no puedes con tu enemigo, únete a él.

**4712.** Siempre pagan justos por pecadores.

**4713.** Socorro tardío, socorro baldío.

**4714.** Si las leyes desconoces acabarán dándote coces.

**4715.** Sobre gustos no hay nada escrito.

**4716.** Sarna con gusto, no pica.

**4717.** Suegra, abogado y doctor... cuanto más lejos mejor.

**4718.** Sin bolsa llena, ni rubia ni morena.

**4719.** Si me quiere, con esta cara; si no, vaya.

**4720.** Si el corazón fuera de acero, no le venciera el dinero.

**4721.** Siempre dicen mal lo que bien no saben.

**4722.** Si buena me la hizo/dices, buena me la paga/te la torno.

**4723.** Salen los cautivos cuando son vivos.

**4724.** Si la locura fuese dolores, en cada casa habría voces.

**4725.** Siembra buenas obras, cogerás fruto de ellas.

**4726.** Si bien canta el cura, no le va en zaga el monaguillo.

**4727.** Salga el sol por Antequera, y póngase por donde quiera.

**4728.** Si no puedes lo que quieres, quiere lo que puedes.

**4729.** Siete hermanos de un vientre, cada uno de su miente.

**4730.** Si sabe la falta, deje la causa.

**4731.** Si quieres tener dinero, tenlo.

**4732.** Si de esta escapo y no muero, nunca más bodas al cielo.

**4733.** Solo se vive una vez.

**4734.** Si da el cántaro en la piedra, o la piedra en el cántaro, mal para el cántaro.

**4735.** Sal vertida, nunca bien recogida.

**4736.** Servidor lisonjero a su señor engaña.

**4737.** Sobre negro no hay tintura.

**4738.** Salí de ladrón y di en ventero.

**4739.** Si cazares, no te alabes; si no cazares, no te enfades.

**4740.** Sin noticias, buenas noticias.

**4741.** Sanan cuchilladas, y no malas palabras.

**4742.** Si me quebré el pie, fue por mi bien.

**4743.** So vaina de oro, cuchillo de plomo.

**4744.** Según es el amor, tal es el dolor.

**4745.** Sobre dinero no hay amistad.

**4746.** Sembrar en arena es perder la simiente.

**4747.** Súfrase quien penas tiene, que tiempo tras tiempo viene.

**4748.** Secreto de uno, de ninguno; de dos, sábelo Dios; de tres, secreto no es.

**4749.** Si naciste para martillo del cielo te caen los clavos.

**4750.** Se juntó el hambre con las ganas de comer/la necesidad.

**4751.** Saberlo ganar y saberlo gastar, eso es disfrutar.

**4752.** Salir de Málaga y entrar en Malagón.

**4753.** Se acepta la delación; pero se aborrece al soplón.

**4754.** Según es el paño, así se compran los botones.

**4755.** Se sabe donde se nace, pero no donde se muere.

**4756.** Si el culo al andar menea, ¿qué podrá ser que no sea?

**4757.** Si la mar fuera vino, todo el mundo sería marino.

**4758.** Sin mujeres y sin comeres, no hay placeres.

**4759.** Si para comer hurtaste, poco pecaste.

**4760.** Sirve a señor, y sabrás qué es dolor.

**4761.** Solo hay dos clases de hombres: ricos y pobres.

**4762.** Son burlas pesadas las que enojan y dañan.

**4763.** ¿Sabio sois? Pobre moriréis.

**4764.** Saltar de la sartén, y dar en las brasas.

**4765.** Sea moda y pase por donaire, e irán las mujeres con el culo al aire.

**4766.** Señores, o malos o peores.

**4767.** Seso tiene de borrico quien vive pobre por morir rico.

**4768.** Siempre bien te quise, y nunca bien te hice.

**4769.** Si la mozuela fuere loca, anden las manos y calle la boca.

**4770.** Si no buenos bocados, a lo menos buenos tragos.

**4771.** Si por mi palabra me pierdo, atrás me vuelvo.

**4772.** Si se quema nuestra casa, calentémonos a la brasa.

**4773.** Solo se queja el que tiene quien le escuche.

**4774.** Soplar y sorber, no puede junto ser.

**4775.** Salamanca no hace milagros; el que va jumento, no vuelve sabio.

**4776.** Sanos de Castilla, costales de malicias.

**4777.** Se escoge el amigo, pero no el hermano ni el hijo.

**4778.** Ser puta es menos tacha que ser la mujer borracha.

**4779.** Si el burlador fuere burlado, súfralo de buen grado.

**4780.** Si la envidia fuera tiña, muchos tiñosos habría.

**4781.** Sin conocer, amor no puede haber.

**4782.** Sin tierras y olivares, ¿qué sería de las ciudades?

**4783.** Si quieres vivir sano, la ropa de invierno no la quites en verano.

**4784.** Solo con tierra la boca del maldiciente se cierra.

**4785.** Somos unas ovejas; que por do va una, van todas ellas.

**4786.** «¡Sujétame, que me pierdo!» Y estaba cagadito de miedo.

**4787.** Sacar fuerza de flaqueza.

**4788.** Salud, amor y hogar traen el bienestar.

**4789.** Sea para mañana, que para luego es tarde.

**4790.** Se pueden ganar muchas batallas, y perder la campaña.

**4791.** Si a lisonjeros prestas oídos, ya estás perdido.

**4792.** Siempre es fiesta para los amigos de holgar.

**4793.** Si la mujer no quiere, no hay quien la fuerce.

**4794.** Si no fuésemos malos, no serían menester letrados.

**4795.** Si prestaste, la cagaste.

**4796.** Si te fuiste, haz cuenta de que moriste.

**4797.** Solo son señorones los que tienen muchos doblones.

**4798.** Suda el labrador para el acaparador.

**4799.** Sacar el ascua con mano ajena, no es acción buena.

**4800.** Salud y dineros haya; que invención no falta.

**4801.** Se arropaba Maricuela, y dejaba el culo fuera.

**4802.** Se parecen como un huevo a una castaña.

**4803.** Si a tu amigo dieres una cosa, no le demandes otra.

**4804.** Siempre sale a hablar quien tiene por qué callar.

**4805.** Si los burros hablaran, cuántos hombres rebuznaran.

**4806.** Si no puedes lo que quieres, quiere lo que puedes.

**4807.** Si puta la viste años atrás, alcahueta la verás.

**4808.** Si te quieres arruinar, da a tu mujer qué gastar.

**4809.** Solo un perdigón no hace montón.

**4810.** Súfrense las cargas, mas no las sobrecargas.

**4811.** Secreto a mujer confiado, en la calle lo has echado.

**4812.** Ser buen mercader, más está en saber comprar que en saber vender.

**4813.** Se va un señor, y viene otro peor.

**4814.** Si en el sexto no hay remisoria, ¿quién es el guapo que va a la gloria?

**4815.** Si los corazones se vieran, mil cosas malas no sucedieran.

**4816.** Si no quieres desazones, no entres en congregaciones.

**4817.** Si quieres a tu hijo rico, procura que sea borrico.

**4818.** Si tomas amigos nuevos, no te olvides de los viejos.

**4819.** Suegra, nuera y yerno, la antesala del infierno.

**4820.** Secreto bien guardado, el que a nadie se ha confiado.

**4821.** Ser casta, para buena, no basta.

**4822.** Si adelante no vas, atrasarás.

**4823.** Si eres buen jugador, tanto peor.

**4824.** Si me pusiste el cuerno, buena pedrada di a tu perro.

**4825.** Sin pan los casados, a los tres días peleados.

**4826.** Si quieres bien casar, con tu igual y en tu lugar.

**4827.** Si tu mujer es bonita, recibe pocas visitas.

**4828.** Según veas, así harás, y siempre acertarás.

**4829.** Si carnero asado cenó, no preguntes de qué murió.

**4830.** Si es fea tu mujer, menos tienes que temer.

**4831.** Sin buen natural, no hay ciencia que valga.

**4832.** Sin penas, todas las cosas son buenas.

**4833.** Si quieres hacer buen trato, nunca compres lo barato.

**4834.** Sobre labores y casamiento, no des consejo.

**4835.** Si cuando puedes no vas, cuando quieras no podrás.

**4836.** Sin autoridad no puede haber sociedad.

**4837.** Sin pruebas, nada creas.

**4838.** Si quieres saber quién es Andrés, vive con él un mes.

**4839.** Si una vez llega a querer, la más firme es la mujer.

**4840.** Sin comer y sin cagar no se puede pasar.

4841. Sin robar no se junta gran caudal.

4842. Si quieres ser cornudo, ándate a cazar a menudo.

4843. Solamente no se sabe lo que no se hace.

4844. So mala capa yace buen bebedor.

4845. Segar, o gavillar, o guardar la era.

4846. Sobre cuernos, penitencia.

4847. Si bien, Ibáñez; si no, Pedro como antes.

4848. San Blas, ahoga esta y ven a por más.

4849. Sea milagro y hágalo el diablo.

4850. Síguela montero, que mal herida va.

4851. Si tuviéramos dinero para pan, carne y cebolla, nuestra vecina nos prestara una olla.

4852. Si como me diste en el ojo me dieras en el jarro, bonica me había parado.

4853. Si esta mato tras que ando, tres me faltan para cuatro.

4854. Si te muerde el escorpión, traigan la pala y el azadón; si te muerde el alacrán, traigan la manta y el cabezal.

4855. Soñó el ciego que veía y soñaba lo que quería.

4856. Saca lo tuyo al mercado: uno dirá bueno y otro malo.

4857. Sana, sana, culo/culito de rana, tres pedos para hoy y tres para mañana/si no se cura hoy, se curará mañana.

4858. Señora, dadme respuesta, que papel y tinta dinero cuesta.

4859. Si buena vida tengo, buena hambre me paso.

4860. Siembra temprano y poda tardío: cogerás pan y vino.

4861. Si fuera perro/tuviera boca/dientes, yo te hubiera mordido.

4862. Si marzo vuelve de rabo, no quedará oveja ni pastor enzamarrado.

4863. Si no errase el cuerdo, reventaría el necio.

4864. Si no tienes dinero en la bolsa, ten miel en la boca.

4865. Si quieres mierda que bien te sepa, come el queso con corteza.

4866. Si quieres saber cuánto vale un ducado, búscalo prestado.

4867. Si quieres ser bien servido, sírvete a ti mismo.

4868. Sobre mojado llueve, y sobre seco a veces.

4869. Soy toquera y vendo tocas, y pongo mi cofre donde las otras.

**4870.** Sufro y callo por el tiempo en que me hallo.

**4871.** Salir de un lado y entrar en otro.

**4872.** Setiembre: o lleva las puentes o seca las fuentes.

**4873.** Si fueres bueno, para ti el provecho; si fueres malo, para ti el daño.

**4874.** Si quieres venir conmigo, trae contigo.

**4875.** San Matías, cata marzo a cinco días; y si es bisiesto, cátalo al sexto.

**4876.** Siembra trigo en barrial y pon viña en cascajal.

**4877.** Si quieres saber cuánto vale un real, mándale a buscar.

**4878.** Sufrir lo poco por no sufrir lo mucho.

**4879.** Si dieres de comer al diablo, dale trucha en invierno y sardina en verano.

**4880.** Si la píldora bien supiera, no la doraran por defuera.

**4881.** Si te mandara tu mujer arrojar de un tejado, ruégala que sea bajo.

**4882.** Si mucho se tiene, mucho se gasta y más se quiere.

**4883.** Si yo os lo digo, tanto sabréis como yo, amigo.

**4884.** Si no corre la vieja, corre la piedra.

**4885.** Si para ti eres malo, ¿para quién serás bueno?

**4886.** Solo el sabio es rico, y valiente el sufrido.

**4887.** Si no fuese el necio al mercado, no se vendería lo malo.

# REFRANES QUE EMPIEZAN POR T

**4888.** Tanta paz lleves como descanso dejas.

**4889.** Tras la tempestad, viene la calma.

**4890.** Tiempo pasado traído a la memoria, da más pena que gloria.

**4891.** Tanto tienes, tanto vales.

**4892.** Taberna sin gente, poco vende.

**4893.** Tarea que agrada presto se acaba.

**4894.** Todos los caminos llevan a Roma.

**4895.** Tanto va el cántaro a la fuente, que al final se rompe.

**4896.** Tetas de mujer tienen mucho poder.

**4897.** Tiran más dos tetas que dos carretas.

**4898.** Te vendrán pesares sin que los buscares.

**4899.** Tirar/echar la piedra y esconder la mano.

**4900.** Tripa vacía, corazón sin alegría/triste.

**4901.** Tu vino, tu mujer y tu caballo, para ti solo gozarlo; y, por eso, no alabarlo.

**4902.** Tanto peca el que mata la vaca como el que le agarra la pata.

**4903.** Tenemos dos ojos para ver mucho y una boca para hablar poco.

**4904.** Tiempo malgastado, nunca recobrado.

**4905.** Todos somos iguales en el nacer y en el morir, aunque no sea en el vivir.

**4906.** Todas las cosas tienen remedio si no es la muerte.

**4907.** Tanto entornó, que trastornó.

**4908.** Tras esa hoja viene otra.

**4909.** Tanto va el cántaro a la fuente, hasta que deja allá el asa o la frente.

**4910.** Topaste en la silla: por acá, tía.

**4911.** Triste está la casa donde la gallina canta y el gallo canta.

**4912.** Tú que coges el berro, guárdate del anapelo.

**4913.** Tablilla de mesón, que para sí no tiene abrigo y dale a todos.

**4914.** Todo es menester: migar y sorber.

**4915.** Tu camisón no sepa tu intención.

**4916.** Toda criatura torna a su natura.

**4917.** Tejado de un rato, labor para todo un año.

**4918.** Tocas de beata y uñas de gata.

**4919.** Tú que no puedes, llévame a cuestas.

**4920.** Tienes más moral que el alcoyano.

**4921.** Tiempo tras tiempo viene.

**4922.** Toda comparación es odiosa.

**4923.** Tal amigo tomarás que te diga las tachas que has.

**4924.** Todo talante ha su semejante.

**4925.** Tardío anochecedor, mal madrugador.

**4926.** Ten a todos por amigos y a uno por consejero.

**4927.** Tras/con los años viene el seso.

**4928.** Tenga yo salud, y dineros quien los quisiere.

**4929.** Tal cosa desecharás, que mañana la desearás.

**4930.** Tal vida lleves, tal fin esperes.

**4931.** Tanto la verdad es odiada como la mentira amada.

**4932.** Te plazca o no, se ha de hacer lo que quiera tu mujer.

**4933.** Todo lo bueno nos viene del campo, y de la ciudad todo lo malo.

**4934.** Todos los días gallina, amarga la cocina.

**4935.** Tras el beso viene eso.

**4936.** Tu puerta cerrada, tu honra guardada.

**4937.** Tal te juzgo, cual te veo, y tal te creo.

**4938.** Tantas veces va el cántaro a la fuente, que al fin se quiebra.

**4939.** Témele a un abogado más que a un dolor de costado.

**4940.** Todo extremo es vicioso; solo el medio es virtuoso.

**4941.** Todo se pega menos la hermosura.

**4942.** Tras cornudo apaleado, y mandábanle bailar, y aún dicen que baila mal.

**4943.** Tres españoles, cuatro opiniones.

**4944.** Tu trigo, en varios graneros, y en varios escondites tus dineros.

**4945.** Tal para cual, cada botón para cada ojal.

**4946.** También al verdugo ahorcan.

**4947.** Tarde, mal y nunca.

**4948.** Te quiero, Andrés, por el interés.

**4949.** Todos a una, como en Fuenteovejuna.

**4950.** Todo va al revés, y sin cabeza ni pies.

**4951.** Trato, con cada uno; intimidad, con ninguno.

**4952.** Tu secreto, ni al más discreto.

**4953.** Tal día hizo un año, ni para mi provecho ni para mi daño.

**4954.** Tan bien parece el ladrón en la horca como en el tálamo la novia.

**4955.** Tanto se acerca la mariposa a la luz de la vela, que al fin se quema.

**4956.** Teta y sopa no caben en la boca.

**4957.** Todo lo hermoso agrada, y lo feo enfada.

**4958.** Todos los golpes van al dedo malo.

**4959.** Tras las canas, viene el seso.

**4960.** Tus suegros y tus cuñados, tenlos lejos, y no al lado.

**4961.** Tal señor, tal servidor.

**4962.** Tan buen pan hacen aquí como en Francia.

**4963.** Tarea concluida, otra emprendida.

**4964.** Tienen de bueno las lentejas, que si las quieres, las tomas, y si no las dejas.

**4965.** Todo lo vence el amor.

**4966.** Todos llorando nacieron, y nadie muere riendo.

**4967.** Trata a todos con bondad, pero no con familiaridad.

**4968.** Tú te lo quieres, y yo te lo mando.

**4969.** Tanto te quiero cuanto/como me cuestas.

**4970.** Tienes en casa el muerto y vas a llorar el ajeno.

**4971.** Todos desde chiquitos se van tras sus apetitos.

**4972.** Todos su cruz llevan, unos a rastras y otros a cuestas.

**4973.** Tratando con villanos, no tengas el corazón en la mano.

**4974.** Tardío, pero seguro.

**4975.** Toda carne es sospechosa; mas la muerta es venenosa.

**4976.** Trabajar para la vejez, discreción es.

**4977.** Todo se andará, si el palo no se quiebra.

**4978.** Tres ces matan a los viejos: caída, cámara y casamiento.

**4979.** Te casaron, te cazaron.

**4980.** Todas las cosas tienen su pro y su contra.

**4981.** Toma el tiempo como viene y a los hombres como son, y nunca tendrás desazón.

**4982.** Te casaste, la cagaste.

**4983.** Trago y cigarro, que la difunta no vuelve.

**4984.** Te conozco, bacalao, aunque vengas disfrazao.

**4985.** Tan bueno es Pedro como su amo.

**4986.** Todo te haré; mas casa con dos puertas no te guardaré.

**4987.** Tanto vales cuanto has, y tu haber demás.

**4988.** Todas las cosas quieren maña.

**4989.** Todos tiran de la cola al asno, y más su amo cuando está atollado.

**4990.** Todo se andará, que la calle es larga.

**4991.** Todo es tortas y pan pintado.

**4992.** Todo lo nuevo aplace.

**4993.** Tanto es lo de más como lo de menos.

**4994.** Tienes asaz, no gozas de lo mucho por llegar a lo más.

**4995.** Tanto quiere el diablo a su hijo que le quiebra el ojo.

**4996.** Tengamos la fiesta en paz.

**4997.** Tú que te picas, ajos has comido.

**4998.** Tablilla de mesón, que a todos alberga y ella quédase a la puerta.

**4999.** Todo es nada lo de este mundo, si no se endereza al segundo.

**5000.** Tras tormenta, gran bonanza.

**5001.** Tan bien se ha de decir lo uno como lo otro.

**5002.** Todo ha menester maña, sino el comer que quiere gana.

**5003.** Tres años, un cesto; tres cestos, un can; tres canes, un caballo; tres caballos, un hombre; tres hombres, un elefante.

**5004.** Tiempo pasado siempre es membrado.

**5005.** Todos los duelos con pan son buenos.

**5006.** Tres cosas hacen al hombre medrar: Iglesia, mar y Casa Real.

**5007.** Tiempo y viento, mujer y fortuna, presto se muda.

**5008.** Todos los hombres lo saben todo, mas no uno solo.

**5009.** Tres muchos y tres pocos, destruyen los hombres locos: mucho gastar y poco medrar; mucho hablar y poco saber; mucho presumir y muy poco valer.

**5010.** Tiene siete vidas, como gato.

**5011.** Topado ha Pedro con su compañero.

**5012.** Tú que pitas, pitarás.

**5013.** Todos se ríen de él, y él de todos.

**5014.** Trigo en polvo y cebada en lodo, centeno en todo.

**5015.** Todos somos locos, los unos de los otros.

**5016.** Tripa llena, ni bien huye, ni bien pelea.

**5017.** Todos son honrados, o buenos, mas mi capa no parece.

**5018.** Tripas llevan piernas, que no piernas tripas.

**5019.** Toma una silla y siéntate en el suelo.

**5020.** Tú a la lengua, yo a la mano, base el ducado a casa del escribano.

**5021.** Tiene más vidas que un gato.

**5022.** Tropezar y no caer, adelantar camino es.

## REFRANES QUE EMPIEZAN POR U

**5023.** Una manzana al día del médico te libraría.

**5024.** Una paz es mejor que diez victorias.

**5025.** Un médico cura, dos dudan y tres muerte segura.

**5026.** Una buena capa, todo lo tapa.

**5027.** Un grano no hace granero, pero ayuda al granjero.

**5028.** Unos nacen con estrella, y otros nacen estrellados.

**5029.** Una cosa es predicar, y otra dar trigo.

**5030.** Un loco jamás deja la casa en paz.

**5031.** Una retirada a tiempo es una victoria.

**5032.** Unos tienen la fama y otros cardan/lavan la lana.

**5033.** Un niño es cera, y se hará de él lo que se quiera.

**5034.** Un abogado listo, te hará creer lo que nunca has visto.

**5035.** Una cosa piensa el caballo y otra el que lo ensilla.

**5036.** Un buen vino hace mala cabeza.

**5037.** Un clavo saca otro clavo.

**5038.** Una buena acción es la mejor oración.

**5039.** Una imprudente palabra, nuestra ruina a veces labra.

**5040.** Una mentira bien echada, vale mucho y no cuesta nada.

**5041.** Unos tanto, y otros tan poco.

**5042.** Un abogado y un asno, saben más que un solo abogado.

**5043.** Un ojo a la sartén y otro a la gata.

**5044.** Una en el papo y otra en el saco.

**5045.** Una golondrina no hace verano.

**5046.** Una pared blanca sirve al loco de carta.

**5047.** Una alma sola, ni canta ni llora.

**5048.** Una imagen vale más que mil palabras.

**5049.** Un cuchillo mesmo me parte el pan y me corta el dedo.

**5050.** Un agravio consentido, otro venido.

**5051.** Un solo golpe no derriba un roble.

**5052.** Un ruin ido, otro venido.

**5053.** Una piedra se quebranta, a fuerza de darle golpes.

**5054.** Una de cal y otra de arena hacen la plática amena.

**5055.** Un padre para cien hijos, y no cien hijos para un padre.

**5056.** Un abismo llama otro.

**5057.** Un asno rasca a otro.

**5058.** Una vieja y un candil, la perdición de la casa. La vieja por lo que gruñe y el candil por lo que gasta.

**5059.** Unas veces ganando y otras perdiendo, vamos viviendo.

**5060.** Uñas de gato y cara de beato.

**5061.** Un garbanzo no hace puchero, pero ayuda a sus compañeros.

**5062.** Un día enseña a otro.

**5063.** Uso nuevo entierra viejo.

**5064.** Una aguja para la bolsa y dos para la boca.

**5065.** Uno solo que te vea, y lo sabrá toda la aldea.

**5066.** Un señor no quiere otro mayor.

**5067.** Una cosa es tener honra, y ser honrado es otra.

**5068.** Una pone los huevos y otra saca los pollos.

**5069.** Un dolor alivia otro dolor; y un amor cura de otro amor.

**5070.** Un sabio y un tonto, saben más que un sabio solo.

**5071.** Un ten con ten, para todo está bien.

**5072.** Una cosa es decir, y otra cosa es hacer.

**5073.** Una desgracia nunca viene sola.

**5074.** Una vez no hace costumbre, ni una gota azumbre.

**5075.** Uno a ganar y cinco a gastar, milagrito será ahorrar.

**5076.** Un sí claro y un no claro hacen al hombre afamado.

**5077.** Una cosa es la amistad, y el negocio es otra cosa.

**5078.** Una hora de contento vale por ciento.

**5079.** Una vez que se arremangó, hasta el culo se le vio.

**5080.** Uno es el que se trabaja y otro el que se lleva la ganancia.

**5081.** Un pleito despierta a otro.

**5082.** Unta la mano al escribano, y hará buen pleito de malo.

**5083.** Una cosa me harás, pero no más.

**5084.** Una visita larga, ¿a quién no carga?

**5085.** Uno es lidiar con el toro, y otro hablar de él.

**5086.** Un buen consejo no tiene precio.

**5087.** Uno que no gastas, dos que te ahorras.

**5088.** Un día es un día.

**5089.** Un ojo al plato y otro al gato.

**5090.** Unos lo siembran, y otros lo cogen.

**5091.** Un ciego mal guía a otro ciego.

**5092.** Unos comen el agraz y otros tienen la dentera.

**5093.** Uno piensa el bayo y otro el que lo ensilla.

**5094.** Un loco hace ciento.

**5095.** Uno y ninguno, todo es uno.

**5096.** Un color se le iba y otra se le venía.

**5097.** Una no es ninguna, dos es una.

**5098.** Un nudo a la bolsa y dos a la boca.

**5099.** Una cosa es decirlo y otra es verlo.

**5100.** Una vez engañan al cuerdo, y dos al necio.

**5101.** Unos nacieron para moler y otros para ser molidos.

# REFRANES QUE EMPIEZAN POR V

**5102.** Vísteme despacio, que tengo prisa/estoy de prisa.

**5103.** Vida sin amigos, muerte sin testigos.

**5104.** Ver la paja en el ojo ajeno y no la viga en el propio/nuestro.

**5105.** Vecina de portal, gallina de corral.

**5106.** Ven más cuatro ojos que dos.

**5107.** Víbora que chilla no pica.

**5108.** Visitas, pocas y cortitas.

**5109.** Viva cada uno como quisiere, y yo como pudiere.

**5110.** Vivo, serás criticado, y muerto, olvidado.

**5111.** Ventura te dé Dios, hijo, que el saber poco te basta.

**5112.** Vos cazáis, otro vos caza; más valiera estar en casa.

**5113.** Viva la gallina, y viva con su pepita.

**5114.** Vanse los amores y quedan los dolores.

**5115.** Vale más la salsa que los caracoles.

**5116.** Va la cosa como debe, y el aradro como suele.

**5117.** Vieja que baila, mucho polvo levanta.

**5118.** Voz del pueblo, voz del cielo.

**5119.** Ve do vas: como vieres, así haz.

**5120.** Venta deshace renta.

**5121.** Vive conmigo y busca quien te mantenga.

**5122.** Voluntad del rey no tiene ley.

**5123.** Villano terco y cazurro, nunca cae de su burro.

**5124.** Vicio carnal puebla el hospital.

**5125.** Vestidos dan honor, que no hijos de emperador.

**5126.** Vino que salte, queso que llore y pan que cante.

**5127.** Valiente de boca, ligero de pies.

**5128.** Ve donde no te llaman, y volverás con las orejas gachas.

**5129.** Vergüenza y virginidad, cuando se pierden, para toda la eternidad.

**5130.** Vino sacado, hay que gastarlo.

**5131.** Vivirás dulce vida si refrenas tu ira.

**5132.** Viejo que con moza se casa, de cornudo no escapa.

**5133.** Váyase lo perdido por lo ganado.

5134. Venido el casar, huido el descansar.

5135. Vejez y hermosura nunca se vieron juntas.

5136. Vino, tabaco y mujer, echan al hombre a perder.

5137. ¡Valiente puñado son tres moscas!

5138. Veinte años de puta y dos de beata, y cátala santa.

5139. Vicio por natura, hasta la muerte dura.

5140. ¿Virgo la llevas, y con leche? Plegue a Dios que te aproveche.

5141. Vas a Roma a buscar lo que tienes en tu umbral.

5142. Vende al desposado, y compra al agobiado.

5143. Vieja de tres veintes, no es raro que el diablo la tiente.

5144. Virtud escondida, la de Dios preferida; virtud ostentada, ni es virtud ni es nada.

5145. Váyanse otros casando; que yo a las casadillas y a las quesadillas me ando.

5146. Venga el bien, y venga por do quisiere.

5147. Viejo que boda hace, *resquiescat in pace*.

5148. Visita que hacer no quisieras, de noche, y ligera.

5149. Vengas enhorabuena, si traes la cena.

5150. Visita cada día, a la semana hastía.

5151. Voces de asno no llegan al cielo.

5152. Váyase lo comido por lo servido.

5153. Venid piando y volveréis cantando.

5154. Válame Dios, que los ánsares vuelan; válame Dios, que saben volar.

5155. Vaso malo no se quiebra.

5156. Viéneme el mal que me suele venir: que después de harto me suelo dormir.

5157. Va la moza al río, no cuenta lo suyo y cuenta lo de su vecino.

5158. Váyase lo uno por lo otro.

5159. Veremos, dijo el ciego.

5160. Viña regalada en marzo la poda, y en marzo la cava, y en mayo la bina y deja deslechugada, y surcos por donde se vaya el agua.

5161. Vanse días malos y viénense buenos, y quedan tus hijos nietos de ruines abuelos.

**5162.** Ventura alcanza, que no brazo largo ni lanza.

**5163.** Viuda que no duerme, casarse quiere.

**5164.** Vaya con Dios, que un pan me lleva.

**5165.** Vuelve la hoja, y hallarás otra.

**5166.** Veleta de campanario, veleta de todos vientos.

**5167.** Vivir, servir y pedir, hacen a los hombres subir.

**5168.** Vendimia en enjuto y cogerás vino puro.

# REFRANES QUE EMPIEZAN POR Y

**5169.** Ya que la casa se quema, calentémonos en ella.

**5170.** Yegua parada, prado haya.

**5171.** Yo a vos por honrar, vos a mí por encornudar.

**5172.** Yerro es no creer, y culpa creerlo todo.

**5173.** Ya que no bebo en la taberna, huélgome en ella.

**5174.** ¡Ya verás, ya verás! Por mi calle pasarás.

**5175.** Ya que no seas casto, sé cauto.

**5176.** Yo dueña y vos doncella, ¿quién barrerá la casa?

**5177.** Yerno, sol de invierno, sale tarde y pónese luego/presto.

**5178.** Ya que no ceno, daca el pandero.

**5179.** Y fulano, ¿a qué ha venido? —A cagar en lo barrido.

**5180.** Yo me soy el rey Palomo: yo me lo guiso, yo me lo como.

**5181.** Yo me entiendo, y bailo solo.

**5182.** Yo que me callo, piedras apaño.

**5183.** Yo soy Ebro, que todas las aguas bebo, sino a Duero, que no veo; y a Tajo, que no alcanzo; y a Guadalquivir, que nunca le vi; y a Guadiana, que se me va por tierra llana.

**5184.** Yo a buenas, vos a malas, no puede ser más negro el cuerpo que sus alas.

**5185.** Yo te perdono el mal que me haces por el bien que me sabes.

**5186.** Ya han venido los titiriteros, engañamuchachos y sacadineros.

**5187.** Ya no soy quien ser solía.

**5188.** Ya vienen los dos hermanos, moquita y soplamanos.

**5189.** Yo como tú, y tú como yo; el diablo nos juntó.

**5190.** Ya murió por quien tañían.

**5191.** Ya se murió el emprestar, que le mató el malpagar.

**5192.** Yo no duermo y a todos doy mal sueño.

# REFRANES QUE EMPIEZAN POR Z

**5193.** Zapatero, a tus zapatos.
**5194.** Zapato de tres, del primero que llegue es.
**5195.** Zorra vieja huele la trampa.
**5196.** Zorro dormilón no caza gallinas.
**5197.** Zurciendo y remendando, vamos tirando.
**5198.** Zurrón de mendigo, nunca henchido.
**5199.** Zaragoza, la harta; Valencia, la bella; Barcelona, la rica.
**5200.** Zamarra mala, hacia mí la lana; zamarra buena, la carnaza afuera.
**5201.** Zorros en zorrera, el humo los echa fuera.
**5202.** Zapatero solía ser, y volvíme a mi menester.

## MÁS LIBROS DE REFRANES

1. Los refranes de la abuela… comentados.
2. Los refranes del abuelo… comentados.
3. Más refranes de los abuelos… comentados.
4. Refranero español: refranes populares españoles.
5. Refranero español 2: refranes populares españoles.
6. Refranero español 3: refranes populares españoles.
7. Refranes españoles comentados 1: diccionario de refranes populares en español, dichos y citas.
8. Refranes españoles comentados 2: diccionario de refranes populares en español, dichos y citas.
9. Refranes españoles comentados 3: diccionario de refranes populares en español, dichos y citas.
10. Refranes españoles comentados 4: diccionario de refranes populares en español, dichos y citas.
11. Refranes españoles comentados 5: diccionario de refranes populares en español, dichos y citas.

www.victorfernandezcastillejo.com

Printed in Great Britain
by Amazon

83341289R00112